새로운 도서
다양한 자료
동양북스
홈페이지에서
만나보세요!

KB088104

www.dongyangbooks.com
m.dongyangbooks.com

홈페이지 도서 자료실에서 학습자료 및 MP3 무료 다운로드

PC

❶ 홈페이지 접속 후 도서 자료실 클릭
❷ 하단 검색 창에 검색어 입력
❸ MP3, 정답과 해설, 부가자료 등 첨부파일 다운로드

* 원하는 자료가 없는 경우 '요청하기' 클릭!

MOBILE

* 반드시 '인터넷, Safari, Chrome' App을 이용하여 홈페이지에 접속해주세요. (네이버,
다음 App 이용 시 첨부파일의 확장자명이 변경되어 저장되는 오류가 발생할 수 있습니다.)

❶ 홈페이지 접속 후 ☰ 터치

❷ 도서 자료실 터치

❸ 하단 검색창에 검색어 입력
❹ MP3, 정답과 해설, 부가자료 등 첨부파일 다운로드

* 압축 해제 방법은 '다운로드 Tip' 참고

미래와 통하는 책

가장 쉬운 독학
일본어 첫걸음
14,000원

버전업! 굿모닝
독학 일본어 첫걸음
14,500원

일단 합격하고 오겠습니다
JLPT 일본어능력시험 N3
26,000원

일본어 100문장 암기하고
왕초보 탈출하기
13,500원

가장 쉬운 독학
중국어 첫걸음
14,000원

가장 쉬운 중국어
첫걸음의 모든 것
14,500원

일단 합격 新HSK
한 권이면 끝! 4급
24,000원

중국어
지금 시작해
14,500원

영어를 해석하지 않고
읽는 법
15,500원

미국식
영작문 수업
14,500원

세상에서 제일 쉬운
10문장 영어회화
13,500원

영어회화
순간패턴 200
14,500원

가장 쉬운 독학
베트남어 첫걸음
15,000원

가장 쉬운 독학
프랑스어 첫걸음
16,500원

가장 쉬운 독학
스페인어 첫걸음
15,000원

가장 쉬운 독학
독일어 첫걸음
17,000원

동양북스 베스트 도서

THE
GOAL 1
22,000원

인스타
브레인
15,000원

직장인, 100만 원으로
주식투자 하기
17,500원

당신의 어린 시절이
울고 있다
13,800원

놀면서 스마트해지는 두뇌 자극
플레이북 딴짓거리 EASY
12,500원

죽기 전까지
병원 갈 일 없는 스트레칭
13,500원

가장 쉬운 독학
이세돌 바둑 첫걸음
16,500원

누가 봐도 괜찮은 손글씨 쓰는
법을 하나씩 하나씩 알기 쉽게
13,500원

가장 쉬운 초등 필수 파닉스
하루 한 장의 기적
14,000원

가장 쉬운 알파벳 쓰기
하루 한 장의 기적
12,000원

가장 쉬운 영어 발음기호
하루 한 장의 기적
12,500원

가장 쉬운 초등한자 따라쓰기
하루 한 장의 기적
9,500원

세상에서 제일 쉬운
엄마표 생활영어
12,500원

세상에서 제일 쉬운
엄마표 영어놀이
13,500원

창의쑥쑥 환이맘의
엄마표 놀이육아
14,500원

동양북스
www.dongyangbooks.com
m.dongyangbooks.com

YouTube 동양북스 🔍 를 검색하세요

https://www.youtube.com/channel/UC3VPg0Hbtxz7squ78S16i1g

JLPT

HSK

제2
외국어

동양북스는 모든 외국어 강의영상을 무료로 제공하고 있습니다.
동양북스를 구독하시고 여러가지 강의 영상 혜택을 받으세요.

https://m.post.naver.com/my.nhn?memberNo=856655

NAVER 동양북스 포스트 🔍

를 팔로잉하세요

동양북스 포스트에서 다양한 도서 이벤트와
흥미로운 콘텐츠를 독자분들에게 제공합니다.

중국어뱅크

기초 탄탄 핵심 콕콕

easy!

이지 중국어

學而 강선주 지음

동양북스

기초 탄탄 핵심 콕콕

easy!

이지 중국어

초판 2쇄 | 2022년 03월 20일

지은이 | 강선주
발행인 | 김태웅
편 집 | 신효정, 양수아
디자인 | 남은혜, 신효선
마케팅 | 나재승
제 작 | 현대순

발행처 | (주)동양북스
등 록 | 제2014-000055호
주 소 | 서울시 마포구 동교로22길 14 (04030)
구입 문의 | 전화 (02)337-1737   팩스 (02)334-6624
내용 문의 | 전화 (02)337-1762   dybooks2@gmail.com

ISBN 979-11-5768-603-2 13720

이 도서의 국립중앙도서관 출판예정도서목록(CIP)은 서지정보유통지원시스템 홈페이지(http://seoji.go.kr)와
국가자료공동목록시스템(http://www.nl.go.kr/kolisnet)에서 이용하실 수 있습니다.
(CIP제어번호:CIP2020008226)

문화적으로 경제적으로 우리나라와 긴밀히 연결되어 있는 중국! 중국은 때로는 멀게 느껴지고, 때로는 가깝게 느껴지는 마력을 가진 나라입니다. 그리고 앞으로 미국과 어깨를 나란히 할 수 있는 저력을 가진 나라이기도 합니다.

이 책은 이러한 잠재력을 가진 나라의 언어인 중국어를 처음 배우는 사람들이 쉽고 재미있게 학습할 수 있도록 돕는 역할을 하고자 합니다. 그래서 중국어 학습의 기초를 튼튼히 하며, 반드시 익혀야 할 내용으로 회화를 구성하였습니다.

한국어의 많은 단어가 한자로 되어 있기 때문에 한국인이 중국어를 배우는 것은 그리 어려운 일이 아닙니다. 게다가 중국어는 뜻글자라는 특성 때문에 문법도 비교적 간결합니다. 단지 성조가 생소하지만, 성조를 오히려 노래처럼 리듬 있는 요소로 생각한다면 재미있게 학습할 수 있습니다.

이 책을 통해 중국어를 습득하여 중국을 자유롭게 여행하며 중국인과 소통하는 상상을 해 보세요. "배우고 때때로 익히면 또한 기쁘지 아니한가"라는 논어의 첫 구절처럼 중국어 공부를 시작하는 여러분에게 배움의 기쁨이 있기를 소망합니다.

2020년 2월 저자 강선주 드림

제목	학습 내용		주요 표현
1과 你好! 안녕!	• 만났을 때 인사 표현	Nǐ hǎo! 你好!	• 대상 + 好 • 시간 + 好 • 때를 나타내는 표현 • 인칭을 나타내는 표현
	• 헤어질 때 인사 표현	Zàijiàn! 再见!	
	• 감사 표현	Xièxie! 谢谢!	
2과 你好吗? 잘 지내니?	• 오랜만에 만났을 때 표현	Hǎo jiǔ bú jiàn! 好久不见!	• 3성의 성조 변화 • 不의 성조 변화 • 인칭을 나타내는 표현 • 가족을 나타내는 표현
	• 가족의 안부를 묻는 표현	Nǐ bàba māma hǎo ma? 你爸爸妈妈好吗?	
	• 근황을 묻는 표현	Nǐ máng ma? 你忙吗?	
3과 你叫什么名字? 당신은 이름이 뭐예요?	• 이름을 묻는 표현	Nǐ jiào shénme míngzi? 你叫什么名字?	• 이름을 묻는 표현 • 높여서 이름을 묻는 표현 • 谁를 사용한 의문문 • 정반의문문
	• 높임의 표현	Nín guì xìng? 您贵姓?	
	• 의문사를 사용한 표현	Tā shì shéi? 她是谁?	
4과 你是哪国人? 당신은 어느 나라 사람이에요?	• 가족을 묻는 표현	Nǐ jiā yǒu jǐ kǒu rén? 你家有几口人?	• 几를 사용한 의문문 • 중국어의 양사 • 哪를 사용한 의문문
	• 형제를 묻는 표현	Nǐ yǒu xiōngdì jiěmèi ma? 你有兄弟姐妹吗?	
	• 국적을 묻는 표현	Nǐ shì nǎ guó rén? 你是哪国人?	
5과 你今年多大? 너는 올해 몇 살이니?	• 나이를 묻는 표현	Nǐ jīnnián duōdà? 你今年多大?	• 해를 나타내는 표현 • 多를 사용한 의문문 • 나이를 묻는 표현 • 손으로 하는 숫자 표현
	• 多를 사용한 의문 표현	Duōdà? Duōgāo? 多大? 多高?	
	• 소개하는 표현	Wǒ lái jièshào yíxià. 我来介绍一下。	
6과 现在几点? 지금 몇 시야?	• 시간을 묻는 표현	Xiànzài jǐ diǎn? 现在几点?	• 시간을 나타내는 표현 • 요일 및 주를 나타내는 표현 • 비교를 나타내는 표현
	• 날짜를 묻는 표현	Jīntiān jǐ yuè jǐ hào? 今天几月几号?	
	• 비교를 나타내는 표현	Nǚshēng bǐ nánshēng duō liǎng ge rén. 女生比男生多两个人。	

도입

삽화와 함께 해당 과의 핵심 내용을 파악할 수 있습니다. 또한 학습 내용을 통해 과에서 배울 주요 내용을 예고합니다.

이번 과에서 배울 내용

삽화와 사진을 통해 이번 과에서 배울 핵심 단어의 뜻을 추측할 수 있습니다. 또한 핵심 문장을 읽어 보고 본문 내용을 유추하여 학습에 흥미를 더할 수 있습니다.

회화 1, 2, 3

중국인들이 실생활에서 사용하는 살아있는 중국어로 회화를 구성하였습니다. 회화에는 중국어의 기초 학습이 되는 단어, 문장, 문법을 모두 담았습니다. 또한 학습자들이 궁금할 수 있는 내용을 Tip으로 보충 설명하였습니다.

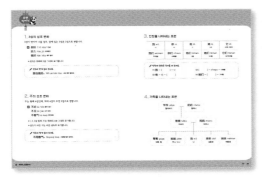

표현 익히기

중국어 학습자들이 반드시 알아야 하는 꼭 필요한 문법을 쉽게 설명하였습니다. 예문과 관련 문제를 다수 수록하여 각 문법이 문장에서 쓰이는 형태를 많이 보여 주었습니다. 예문을 반복하여 읽으면 학습에 더욱 효과적일 것입니다.

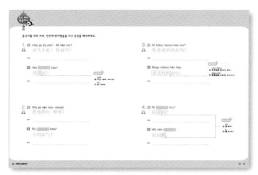

주요 회화 복습하기

본문의 주요 회화를 선별하여 Q&A 형태로 복습합니다. 문장의 뜻을 파악하고, 중국어를 따라 쓰며 중국어의 기본 문형을 다시 한 번 복습합니다. 또한 주요 회화를 반복하여 들을 수 있도록 MP3도 담았습니다.

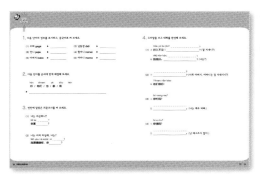

실력 다지기

해당 과에서 학습한 내용을 문제를 통하여 실력을 확인할 수 있습니다. 단어, 문장, 문법 각 부분을 골고루 확인할 수 있도록 다양한 문제를 구성하였습니다.

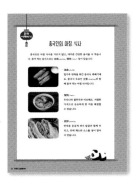

문화 이해하기

중국어와 중국인을 깊이 이해할 수 있도록 중국의 문화를 소개하였습니다. 중국의 재미있고 독특한 문화를 간접 경험할 수 있습니다.

워크북

해당 과에서 학습한 핵심 단어와 문장을 쓰면서 익힐 수 있도록 하였습니다. 또한 확인 학습 문제를 통해 최종적으로 학습 내용을 정리할 수 있도록 문제를 구성하였습니다.

01 你好！
안녕!

학습 내용

- 만났을 때 인사 표현 　Nǐ hǎo! **你好！**
- 헤어질 때 인사 표현 　Zàijiàn! **再见！**
- 감사 표현 　Xièxie! **谢谢！**

📋 이번 과에서 배울 내용 📋

다음 단어를 읽고, 뜻을 유추해 보세요.

❶

lǎoshī
老师

❷

xièxie
谢谢

다음 문장을 읽고, 뜻을 유추해 보세요.

Nǐ hǎo!
❶ 你好！

Míngtiān jiàn!
❷ 明天见！

Duìbuqǐ.
❸ 对不起。

강의실에서 선생님과 학생들이 인사를 나눕니다.

🎧 01-01

Dōngmín 东民	Nǐ hǎo! 你好！
Měinà 美娜	Zǎoshang hǎo! 早上好！
lǎoshī 老师	Nǐmen hǎo! 你们好！
xuéshengmen 学生们	Lǎoshī hǎo! 老师好！

QUIZ! 선생님에게 중국어로 인사해 보세요.

새 단어

🎧 01-02 你 nǐ 대 너, 당신 | 好 hǎo 형 좋다, 안녕하다 | 早上 zǎoshang 명 아침 | 你们 nǐmen 대 너희들 | 老师 lǎoshī 명 선생님

선생님과 학생들이 수업이 끝나고 헤어지는 인사를 합니다.

🎧 01-03

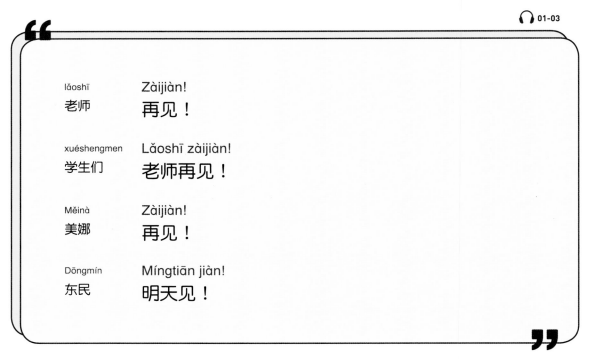

lǎoshī
老师
Zàijiàn!
再见！

xuéshengmen
学生们
Lǎoshī zàijiàn!
老师再见！

Měinà
美娜
Zàijiàn!
再见！

Dōngmín
东民
Míngtiān jiàn!
明天见！

QUIZ! "내일 봐!"를 중국어로 말해 보세요.

새 단어

🎧 01-04 　 再 zài 보 다시 | 见 jiàn 동 보다, 만나다 | 再见 zàijiàn 동 (헤어질 때) 안녕, 잘 가 | 明天 míngtiān 명 내일

동민이 선생님께 감사와 사과 인사를 합니다.

🎧 01-05

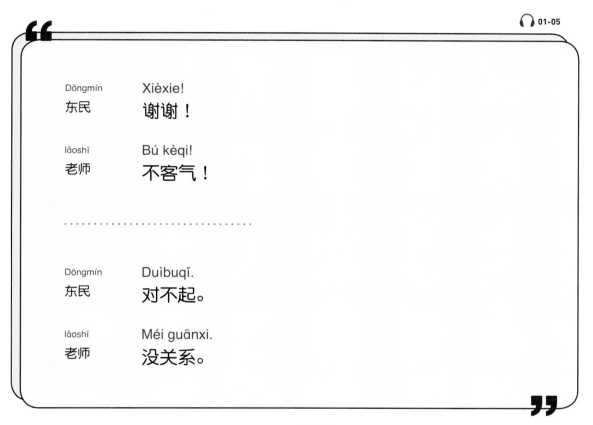

Dōngmín 东民	Xièxie! 谢谢！
lǎoshī 老师	Bú kèqi! 不客气！

. . . .

Dōngmín 东民	Duìbuqǐ. 对不起。
lǎoshī 老师	Méi guānxi. 没关系。

QUIZ! 옆 친구에게 중국어로 "고마워!"라고 말해 보세요.

새 단어

🎧 01-06

谢谢 xièxie 고마워요, 감사합니다 ┃ 不 bù 분 ~하지 않다, ~이 아니다(부정을 나타냄) ┃ 客气 kèqi 형 예의 바르다,

겸손하다 ┃ 不客气 bú kèqi 천만에요, 별말씀을요 ┃ 对不起 duìbuqǐ 미안해요, 죄송합니다 ┃ 没 méi 동 없다 ┃

关系 guānxi 명 관계 ┃ 没关系 méi guānxi 괜찮다, 문제없다

1. 대상 + 好

你好처럼 好 앞에 어떤 대상이 오면, 그 사람에게 하는 인사 표현이 됩니다.

> 예 你好！Nǐ hǎo! 안녕하세요!
>
> 老师好！Lǎoshī hǎo! 선생님 안녕하세요!
>
> 大家好！Dàjiā hǎo! 여러분 안녕하세요!

✏️ 빈칸에 알맞은 단어를 써 보세요.

(   )好！(   ) hǎo!   여러분 안녕하세요!

2. 시간 + 好

好 앞에 시간이 오면 '좋은 ~', '(~에) 안녕'이라는 인사가 됩니다.
'아침', '오후', '저녁' 등의 단어와 함께 사용합니다.

> 예 早上好！Zǎoshang hǎo! (아침에) 안녕! / 좋은 아침!
>
> 下午好！Xiàwǔ hǎo! (오후에) 안녕! / 좋은 오후!
>
> 晚上好！Wǎnshang hǎo! (저녁에) 안녕! / 좋은 저녁!

✏️ 빈칸에 알맞은 단어를 써 보세요.

(   )好！(   ) hǎo!   좋은 저녁이에요!

3. 때를 나타내는 표현

早上 zǎoshang	上午 shàngwǔ	中午 zhōngwǔ	下午 xiàwǔ	晚上 wǎnshang
아침	오전	점심, 정오	오후	저녁

✏️ 빈칸에 알맞은 단어를 써 보세요.

(1) 早上 – (　　　　) – 아침　　　　　(2) (　　　　) – shàngwǔ – 오전

(3) 中午 – zhōngwǔ – (　　　　)　　　(4) 下午 – (　　　　) – 오후

(5) (　　　　) – wǎnshang – 저녁

4. 인칭을 나타내는 표현

1인칭		2인칭	
我 wǒ	我们 wǒmen	你 nǐ	你们 nǐmen
나	우리(들)	너	너희(들)

＊ 咱们 zánmen은 我们 wǒmen과 같은 뜻입니다, 그러나 我们은 상대방이 포함될 수도 있고, 咱们은 상대방을 반드시 포함합니다.

✏️ 빈칸에 알맞은 단어를 써 보세요.

(　　　　)好！(　　　　) hǎo! 너희들 안녕!

중국어를 따라 쓰며, 빈칸에 한어병음을 쓰고 문장을 해석하세요.

1. **A** Nǐ hǎo!

🎧
01-07

你好！

해석 _____

B [   ] hǎo!

早上好！

해석 _____

바꿔 말하기

xiàwǔ
❶ 下午 오후

wǎnshang
❷ 晚上 저녁

2. **A** Zàijiàn!

🎧
01-08

再见！

해석 _____

B [   ] jiàn!

明天见！

해석 _____

3. 🎧 01-09

A Xièxie!

谢谢！

해석 _____

B Bú kèqi!

不客气！

해석 _____

바꿔 말하기

Bié kèqi.
❶ 别客气。 사양하지 마세요.

Kèqi shénme ya.
❷ 客气什么呀。 별말씀을요.

4. 🎧 01-10

A Duìbuqǐ.

对不起。

해석 _____

B Méi _____ .

没关系。

해석 _____

1. 다음 인칭대사의 성조를 표기하고, 중국어로 써 보세요.

(1) ni ▶ _____ (2) nimen ▶ _____

(3) wo ▶ _____ (4) women ▶ _____

(5) zanmen ▶ _____

2. 서로 관련 있는 물음과 대답을 연결한 뒤 대화해 보세요.

Nǐmen hǎo!
(1) 你们好！

Bú kèqi!
① 不客气！

Zàijiàn!
(2) 再见！

Lǎoshī hǎo!
② 老师好！

Xièxie!
(3) 谢谢！

Míngtiān jiàn!
③ 明天见！

Duìbuqǐ.
(4) 对不起。

Méi guānxi.
④ 没关系。

3. 다음 표현을 중국어로 써 보세요.

(1) 좋은 아침!   ▶ _____

(2) 좋은 오후!   ▶ _____

(3) 좋은 저녁!   ▶ _____

4. 우리말을 보고 대화를 완성해 보세요.

(1) A: _____!   (얘들아 안녕!)

       Lǎoshī hǎo!
    B, C: 老师好!

(2)   Zàijiàn!
    A: 再见！

    B: _____!   (선생님 안녕히 가세요!)

(3)   Xièxie!
    A: 谢谢！

    B: _____。   (별말씀을요.)

(4)   Zàijiàn!
    A: 再见！

    B: _____!   (내일 봐!)

중국은 어떤 나라일까요?

- **인구 1위**: 중국은 세계에서 인구가 가장 많은 나라입니다. (2019년 기준, 약 14억 3천만 명)
- **국토 면적 4위**: 중국은 세계에서 러시아, 캐나다, 미국에 이어 네 번째로 땅이 넓은 국가입니다.
- **민족**: 중국에는 56개의 민족이 있는데, 90% 이상의 한족과 55개의 소수민족으로 이루어져 있습니다.
- **언어**: 중국에서 쓰는 언어는 '한족의 언어'라는 뜻으로 汉语 Hànyǔ 라고 부릅니다.
- **표준어**: 중국은 베이징 말을 근간으로 한 普通话 pǔtōnghuà 를 표준어로 합니다.

02 你好吗?

잘 지내니?

학습 내용

- 오랜만에 만났을 때 표현
  Hǎo jiǔ bú jiàn!
  好久不见!

- 가족의 안부를 묻는 표현
  Nǐ bàba māma hǎo ma?
  你爸爸妈妈好吗?

- 근황을 묻는 표현
  Nǐ máng ma?
  你忙吗?

📋 이번 과에서 배울 내용 📋

다음 단어를 읽고, 뜻을 유추해 보세요.

❶

bàba
爸爸

❷

lèi
累

다음 문장을 읽고, 뜻을 유추해 보세요.

Hǎo jiǔ bú jiàn!
❶ 好久不见!

Nǐ bàba māma hǎo ma?
❷ 你爸爸妈妈好吗?

Nǐ máng ma?
❸ 你忙吗?

동민이가 지현 선배를 오랜만에 만나 안부를 물어봅니다.

🎧 02-01

Dōngmín 东民	Hǎo jiǔ bú jiàn! Nǐ hǎo ma? 好久不见! 你好吗?
Zhìxián 智贤	Wǒ hěn hǎo. Nǐ ne? 我很好。你呢?
Dōngmín 东民	Wǒ yě hěn hǎo, xièxie! 我也很好，谢谢！
Zhìxián 智贤	Búyòng kèqi. 不用客气。

QUIZ! 오랜만에 만났을 때 중국어로 어떻게 인사할까요?

Tip

중국어 표현 你好!와 你好吗?의 차이

你好!는 '안녕!'이라는 의미로, 처음 만나는 사람이나 아는 사람을 만날 때 모두 사용합니다.

你好吗?는 안녕한지를 묻는 표현으로, 처음 만나는 사람에게는 잘 쓰지 않습니다. 대답은 我很好!(Wǒ hěn hǎo! 잘 지내!),

还可以!(Hái kěyǐ! 그럭저럭 잘 지내!) 등으로 합니다.

~呢?

문장 끝에서 의문을 나타내는 조사로, 앞에서 이미 얘기한 내용을 생략해서 다시 물을 때 사용합니다.

 새 단어

🎧 02-02 久 jiǔ 형 오래다 | 不 bù 부 ~하지 않다, ~아니다(부정을 나타냄) | 吗 ma 조 ~입니까(의문을 나타냄) | 我 wǒ 대

나, 저 | 很 hěn 부 매우, 아주 | 呢 ne 조 ~는요?(의문을 나타냄) | 也 yě 부 ~도, 또한 | 用 yòng 동 사용하다 |

不用 búyòng 부 ~하지 마라, ~할 필요가 없다

지현 선배가 동민이 가족의 안부를 묻습니다.

🎧 02-03

| Zhìxián 智贤 | Nǐ bàba māma hǎo ma? |
| | 你爸爸妈妈好吗? |

| Dōngmín 东民 | Tāmen hěn hǎo. |
| | 他们很好。 |

| Zhìxián 智贤 | Nǐ gēge jiějie ne? |
| | 你哥哥姐姐呢? |

| Dōngmín 东民 | Tāmen yě dōu hěn hǎo. |
| | 他们也都很好。 |

QUIZ! "그들도 모두 잘 지내."를 중국어로 말해 보세요.

새 단어

🎧 02-04

爸爸 bàba 명 아버지, 아빠 | 妈妈 māma 명 어머니, 엄마 | 他们 tāmen 대 그들 | 哥哥 gēge 명 형, 오빠 |

姐姐 jiějie 명 누나, 언니 | 都 dōu 부 모두, 다

동민이가 지현 선배의 근황에 대해서 물어봅니다.

🎧 02-05

Dōngmín 东民	Nǐ máng ma? 你忙吗?
Zhìxián 智贤	Wǒ hěn máng, nǐ ne? 我很忙，你呢？
Dōngmín 东民	Wǒ bù máng, nǐ lèi ma? 我不忙, 你累吗？
Zhìxián 智贤	Wǒ hěn lèi. 我很累。

QUIZ! 지현이의 근황은 어떠한가요?

새 단어

🎧 02-06　　忙 máng 형 바쁘다 | 累 lèi 형 피곤하다

1. 3성의 성조 변화

3성이 연이어 나올 경우, 앞에 있는 3성은 2성으로 변합니다.

> **예** 你好！Nǐ hǎo! 안녕!
>
> 好久 hǎo jiǔ 오랫동안
>
> 很好 hěn hǎo 매우 좋다

＊성조는 원래의 3성 그대로 표기합니다.

> 🖊 성조에 맞게 읽어 보세요.
>
> 我也很好。Wǒ yě hěn hǎo. 나도 매우 좋아요

2. 不의 성조 변화

不는 원래 4성인데, 뒤에 4성이 오면 2성으로 변합니다.

> **예** 不好 bù hǎo 좋지 않다
>
> 不见 bú jiàn 보지 않다
>
> 不客气 bú kèqi 천만에요

＊1, 2, 3성 앞의 不는 원래의 4성 그대로 표기합니다.

＊성조가 바뀐 不는 바뀐 성조로 표기합니다.

> 🖊 성조에 맞게 읽어 보세요.
>
> 不用客气。Búyòng kèqi. 사양할 필요 없어요

3. 인칭을 나타내는 표현

我 wǒ	你 nǐ	他 tā	她 tā	它 tā
나	너	그	그녀	그(것), 저(것)
我们 wǒmen	你们 nǐmen	他们 tāmen	她们 tāmen	它们 tāmen
우리(들)	너희(들)	그들	그녀들	그(/저)것들

✏️ 빈칸에 알맞은 단어를 써 보세요.

(1) 我 − (　　　) − 나

(2) (　　　) − nǐmen − 너희들

(3) 他 − tā − (　　　)

(4) 她们 − (　　　) − 그녀들

4. 가족을 나타내는 표현

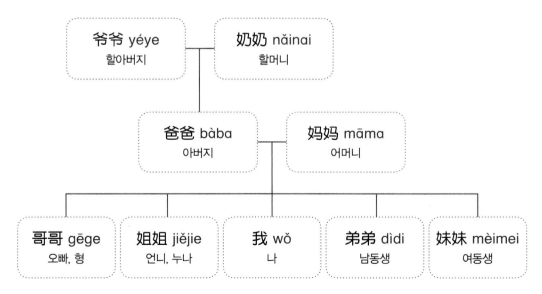

중국어를 따라 쓰며, 빈칸에 한어병음을 쓰고 문장을 해석하세요.

1. **A** Hǎo jiǔ bú jiàn!　Nǐ hǎo ma?

02-07　好久不见！你好吗？

해석 _____

B Wǒ 　　　　 hǎo!

我很好！

바꿔 말하기

　① 不太 bútài 그렇게 ~하지 않다

　② 还 hái 그런대로

해석 _____

2. **A** Wǒ yě hěn hǎo, xièxie!

02-08　我也很好，谢谢！

해석 _____

B Bú 　　　　 kèqi!

不用客气！

해석 _____

3. **A** Nǐ bàba māma hǎo ma?

(02-09)

你爸爸妈妈好吗?

해석 _____

B Bàba māma hěn hǎo.

爸爸妈妈很好。

해석 _____

4. **A** Nǐ ⬛⬛⬛ ma?

(02-10)

你累吗?

해석 _____

B Wǒ hěn ⬛⬛⬛.

我很累。

해석 _____

바꿔 말하기

kùn
❶ 困 졸리다
è
❷ 饿 배고프다

1. 다음 단어의 성조를 표기하고, 중국어로 써 보세요.

(1) 오빠 gege ▶ _____

(2) 남동생 didi ▶ _____

(3) 언니 jiejie ▶ _____

(4) 할머니 nainai ▶ _____

(5) 아버지 baba ▶ _____

(6) 어머니 mama ▶ _____

2. 다음 단어를 순서에 맞게 배열해 보세요.

hǎo   tāmen   yě   dōu   hěn
好 / 他们 / 也 / 都 / 很

▶ _____

3. 빈칸에 알맞은 의문조사를 써 보세요.

(1) 너는 피곤하니?

Nǐ lèi _____?
你累_____?

(2) 나는 커피 마실래, 너는?

Wǒ yào hē kāfēi, nǐ _____?
我要喝咖啡，你_____?

4. 우리말을 보고 대화를 완성해 보세요.

(1) A: Hǎo jiǔ bú jiàn! _____?
好久不见！_____? (잘 지내니?)

B: Wǒ hěn hǎo. _____?
我很好。_____? (너는?)

(2) A: _____?
_____? (너희 아버지, 어머니는 잘 지내시니?)

B: Tāmen hěn hǎo!
他们很好!

(3) A: Nǐ máng ma?
你忙吗?

B: _____.
_____。 (나는 매우 바빠.)

(4) A: Nǐ è ma?
你饿吗?

B: _____.
_____。 (난 배고프지 않아.)

중국인의 아침 식사

중국인은 아침 식사를 거르지 않고, 대부분 간단한 음식을 사 먹습니다. 즐겨 먹는 음식으로는 油条 yóutiáo, 馄饨 húntun 등이 있습니다.

· 油条 yóutiáo

밀가루 반죽을 튀긴 중국식 꽈배기예요. 중국식 두유인 豆浆 dòujiāng과 함께 즐겨 먹는 아침 식사입니다.

· 馄饨 húntun

우리나라 물만두와 비슷해요. 저렴한 가격으로 든든하게 한 끼를 해결할 수 있습니다.

· 煎饼 jiānbing

반죽을 둥글게 펴서 달걀과 함께 부치고, 안에 채소와 소스를 넣어 말아서 만듭니다.

03 你叫什么名字?

당신은 이름이 뭐예요?

학습 내용

• 이름을 묻는 표현	Nǐ jiào shénme míngzi? 你叫什么名字?
• 높임의 표현	Nín guì xìng? 您贵姓?
• 의문사를 사용한 표현	Tā shì shéi? 她是谁?

📋 이번 과에서 배울 내용 📋

다음 단어를 읽고, 뜻을 유추해 보세요.

❶

jiào
叫

❷

Hànyǔ
汉语

다음 문장을 읽고, 뜻을 유추해 보세요.

Nǐ jiào shénme míngzi?
❶ 你叫什么名字?

Nín zěnme chēnghu?
❷ 您怎么称呼?

Tā shì shéi?
❸ 她是谁?

선생님과 왕웨이가 만나 서로 이름을 묻습니다.

🎧 03-01

lǎoshī 老师	Nǐ jiào shénme míngzi? 你叫什么名字?
Wáng Wěi 王伟	Wǒ xìng Wáng, jiào Wáng Wěi. Nín guì xìng? 我姓王，叫王伟。您贵姓?
lǎoshī 老师	Wǒ xìng Lǐ. 我姓李。
Wáng Wěi 王伟	Lǐ lǎoshī hǎo! 李老师好！

QUIZ! 주위 사람에게 중국어로 이름이 무엇인지 물어보세요.

새 단어

🎧 03-02   叫 jiào 통 (~라고) 부르다 ㅣ 什么 shénme 대 무엇 ㅣ 名字 míngzi 명 이름 ㅣ 姓 xìng 명 성 통 성이 ~이다 ㅣ

王 Wáng 고유 왕(성씨) ㅣ 您 nín 대 당신(你의 높임말) ㅣ 贵 guì 형 귀하다, 비싸다 ㅣ 李 Lǐ 고유 리(성씨)

동민이가 선생님께 호칭을 여쭤봅니다.

🎧 03-03

"

Dōngmín 东民	Nín zěnme chēnghu? 您怎么称呼?
Lǐ lǎoshī 李老师	Wǒ xìng Lǐ, nǐ jiào wǒ Lǐ lǎoshī jiù xíng. 我姓李，你叫我李老师就行。
Dōngmín 东民	Lǐ lǎoshī, nín hǎo! 李老师，您好！
Lǐ lǎoshī 李老师	Nǐ hǎo! 你好！

"

QUIZ! 리 선생님은 동민이에게 본인을 어떻게 부르라고 했나요?

새 단어

🎧 03-04　怎么 zěnme 때 어떻게, 어째서 ｜ 称呼 chēnghu 통 부르다, 일컫다 ｜ 就 jiù 분 바로, 곧 ｜ 行 xíng 통 ～하면 되다, ～해도 좋다

왕웨이가 미나에게 중국어 배우는 게 어려운지 물어봅니다.

🎧 03-05

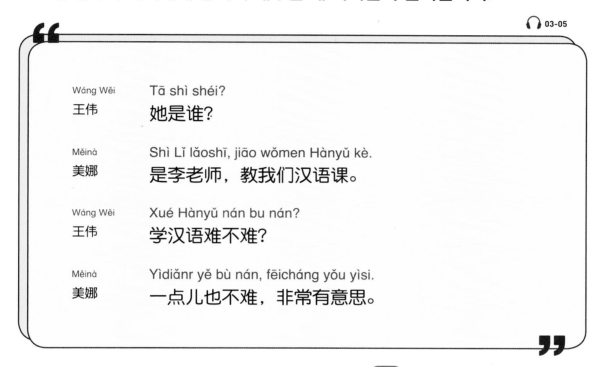

Wáng Wěi
王伟
Tā shì shéi?
她是谁?

Měinà
美娜
Shì Lǐ lǎoshī, jiāo wǒmen Hànyǔ kè.
是李老师，教我们汉语课。

Wáng Wěi
王伟
Xué Hànyǔ nán bu nán?
学汉语难不难？

Měinà
美娜
Yìdiǎnr yě bù nán, fēicháng yǒu yìsi.
一点儿也不难，非常有意思。

QUIZ! 미나는 중국어 배우는 게 어떤가요?

새 단어

🎧 03-06 是 shì 통 ~이다 ｜ 谁 shéi 대 누구 ｜ 教 jiāo 통 가르치다 ｜ 汉语 Hànyǔ 명 중국어 ｜ 课 kè 명 수업 ｜

难 nán 형 어렵다 ｜ 一点儿 yìdiǎnr 부 조금 ｜ 非常 fēicháng 부 아주 ｜ 有意思 yǒu yìsi 형 재미있다

1. 이름을 묻는 표현

상대적으로 나이가 어린 사람이나 친구에게는 다음과 같이 이름을 묻습니다.

> 예 你叫什么? Nǐ jiào shénme? 뭐라고 부를까요?
>
> 你叫什么名字? Nǐ jiào shénme míngzi? 당신은 이름이 뭐예요?(넌 뭐라고 부르니?)
>
> 你的名字叫什么? Nǐ de míngzi jiào shénme? 당신의 이름은 뭐예요?(너의 이름은 뭐라고 부르니?)

✏️ 빈칸에 알맞은 단어를 써 보세요.

你( )什么名字? Nǐ ( ) shénme míngzi? 당신은 이름이 뭐예요?

2. 높여서 이름을 묻는 표현

본인보다 연배가 높은 분에게 존함을 물을 때는 다음과 같이 표현합니다.

> 예 您贵姓? Nín guì xìng? 성이 어떻게 되세요?
>
> 您怎么称呼? Nín zěnme chēnghu? 당신을 어떻게 부를까요?
>
> 不知该怎么称呼您。 Bù zhī gāi zěnme chēnghu nín. 당신을 어떻게 불러야 할지 모르겠어요.

✏️ 빈칸에 알맞은 단어를 써 보세요.

您( )称呼? Nín ( ) chēnghu? 당신을 어떻게 부를까요?

3. 谁를 사용한 의문문

谁는 '누구'라는 뜻의 의문사로 일반적으로 사람을 묻는 의문문에 씁니다.

> [예] 她是谁? Tā shì shéi? 그녀는 누구예요?
>
> 你找谁? Nǐ zhǎo shéi? 당신은 누구를 찾으세요?
>
> 姜老师是谁? Jiāng lǎoshī shì shéi? 지앙 선생님은 누구세요?

✏️ 빈칸에 알맞은 의문사를 써 보세요.

A: 她是(　　　)? Tā shì (　　　)? 그녀는 누구예요?

B: 她是李老师。 Tā shì Lǐ lǎoshī. 그녀는 리 선생님이에요.

4. 정반의문문

술어의 긍정형과 부정형을 나열하면 의문문의 형식 중 하나인 정반의문문이 됩니다.

> [예] 难不难? (= 难吗?) Nán bu nán? (= Nán ma?) 어려워요?
>
> 好不好? (= 好吗?) Hǎo bu hǎo? (= Hǎo ma?) 좋아요?
>
> 去不去? (= 去吗?) Qù bu qù? (= Qù ma?) 가요?
>
> 吃不吃? (= 吃吗?) Chī bu chī? (= Chī ma?) 먹어요?

✏️ 다음 문장을 정반의문문으로 만들어 보세요.

学汉语难吗? Xué Hànyǔ nán ma? 중국어 배우는 건 어려워요?

= 学汉语(　　　　　)? Xué Hànyǔ (　　　　　)?

중국어를 따라 쓰며, 빈칸에 한어병음을 쓰고 문장을 해석하세요.

1. **A** Nǐ jiào shénme míngzi?

🎧 03-07 你叫什么名字?

해석 _____

B Wǒ xìng ⬚⬚⬚⬚, jiào Wáng Wěi!

我姓王, 叫王伟!

해석 _____

바꿔 말하기

Jiāng
❶ 姜 지앙(성씨)

Zhāng
❷ 张 장(성씨)

2. **A** Nín zěnme chēnghu?

🎧 03-08 您怎么称呼?

해석 _____

B Wǒ xìng Lǐ, nǐ ⬚⬚⬚⬚ wǒ Lǐ lǎoshī jiù ⬚⬚⬚⬚.

我姓李, 你叫我李老师就行。

해석 _____

3. A Tā shì shéi?

03-09

她是谁?

해석 _____

B Tā shì _____ .

她是 李老师 。

바꿔 말하기

wǒmen de lǎoshī
❶ 我们的老师 우리의 선생님

wǒ péngyou
❷ 我朋友 내 친구

해석 _____

4. A Xué Hànyǔ _____ ?

03-10

学汉语难不难?

해석 _____

B Yìdiǎnr yě bù nán, fēicháng _____ .

一点儿也不难，非常有意思。

해석 _____

1. 다음 병음에 알맞은 중국어를 써 보세요.

(1) míngzi ▶ _____

(2) lǎoshī ▶ _____

(3) chēnghu ▶ _____

(4) fēicháng ▶ _____

(5) yìdiǎnr ▶ _____

(6) yǒu yìsi ▶ _____

2. 서로 관련 있는 물음과 대답을 연결한 뒤 대화해 보세요.

Nǐ jiào shénme?
(1) 你叫什么?

Wǒ xìng Zhāng.
① 我姓张。

Nín guì xìng?
(2) 您贵姓?

Nǐ jiào wǒ Lǐ lǎoshī jiù xíng.
② 你叫我李老师就行。

Nín zěnme chēnghu?
(3) 您怎么称呼?

Wǒ jiào Wáng Wěi.
③ 我叫王伟。

Tā shì shéi?
(4) 她是谁?

Tā shì Lǐ lǎoshī.
④ 她是李老师。

3. 제시어를 활용하여 대화를 완성해 보세요.

(1)
míngzi
名字

A: _____?
_____?

Wǒ xìng Wáng, jiào Wáng Wěi.
B: 我姓王，叫王伟。

(2)
guì
贵

A: _____?
_____?

Wǒ xìng Zhāng.
B: 我姓张。

(3)
chēnghu
称呼

A: _____?
_____?

Wǒ xìng Lǐ, nǐ jiào wǒ Lǐ lǎoshī jiù xíng.
B: 我姓李，你叫我李老师就行。

4. 자신의 상황에 맞게 문장을 완성해 보세요.

(1)
Nǐmen hǎo! Wǒ xìng _____, jiào _____ .
你们好！我姓_____，叫_____。

(2)
Wǒ de lǎoshī xìng _____, jiāo wǒmen _____ kè.
我的老师姓_____，教我们_____课。

(3)
Xué Hànyǔ _____ .
学汉语_____。

중국인의 성과 이름

중국에 가장 많은 성은?

중국에서 가장 많은 성인 李 Lǐ 씨는 약 9,530만 명으로, 중국 한족의 7.94%를 차지합니다. 그 다음 王 Wáng 씨는 약 9,300만 명으로, 7.41%를 차지합니다. 우리나라 사람들은 중국인의 성씨를 생각하면 '비단장수 왕서방' 노래에도 나오는 왕 씨를 떠올리는데, 원래 중국에 가장 많았던 성이 왕 씨였다고 합니다. 그 뒤를 이어 张 Zhāng 씨가 약 9,000만 명으로 7.07%, 刘 Liú 씨가 약 6,900만 명으로 5.38%라고 합니다. 그리고 陈 Chén 씨가 약 5,700만 명으로 4.53%를 차지하며 중국의 가장 많은 성씨 5위에 들었습니다.

(출처: 라이프 차이나)

중국에 가장 많은 이름은?

중국은 어마어마한 인구 수만큼 같은 이름을 쓰는 사람이 무려 30만 명에 달한다고 합니다. 가장 많은 이름은 바로 张伟 Zhāng Wěi 인데, 伟는 '훌륭하다'는 뜻을 가지고 있으면서 부르기도 좋다 보니, 많은 사람이 선호한다고 합니다. 그 뒤를 이어 王伟 Wáng Wěi, 王芳 Wáng Fāng, 李伟 Lǐ Wěi, 王秀英 Wáng Xiùyīng 등이 흔한 이름 순위에 올랐습니다. 1위, 2위, 4위에 오른 이름이 모두 伟인 것을 보면, 伟가 중국에서 정말 흔한 이름이라는 것을 알 수 있습니다.

04 你是哪国人?

당신은 어느 나라 사람이에요?

학습 내용

Nǐ jiā yǒu jǐ kǒu rén?
- 가족을 묻는 표현 你家有几口人?

Nǐ yǒu xiōngdì jiěmèi ma?
- 형제를 묻는 표현 你有兄弟姐妹吗?

Nǐ shì nǎ guó rén?
- 국적을 묻는 표현 你是哪国人?

📋 이번 과에서 배울 내용 📋

다음 단어를 읽고, 뜻을 유추해 보세요.

jiārén
家人

②

xiōngdì jiěmèi
兄弟姐妹

다음 문장을 읽고, 뜻을 유추해 보세요.

Nǐ jiā yǒu jǐ kǒu rén?
❶ 你家有几口人?

Bàba, māma, jiějie hé wǒ.
❷ 爸爸，妈妈，姐姐和我。

Wǒ shì Hánguórén.
❸ 我是韩国人。

미나와 왕웨이가 가족에 관한 이야기를 나눕니다.

🎧 04-01

Měinà 美娜	Nǐ jiā yǒu jǐ kǒu rén? 你家有几口人？
Wáng Wěi 王伟	Wǒ jiā yǒu sì kǒu rén. 我家有四口人。
Měinà 美娜	Dōu yǒu shénme rén? 都有什么人？
Wáng Wěi 王伟	Bàba, māma, jiějie hé wǒ. 爸爸，妈妈，姐姐和我。

QUIZ! 왕웨이의 가족은 모두 몇 명인가요?

새 단어

🎧 04-02 家 jiā 명 집, 가정 | 有 yǒu 동 있다, 가지고 있다 | 几 jǐ 대 몇 | 口 kǒu 양 식구를 세는 단위 | 人 rén 명 사람 |

和 hé 전 ~와

미나는 형제가 있는 동민이를 부러워합니다.

🎧 04-03

Dōngmín 东民	Nǐ yǒu xiōngdì jiěmèi ma? 你有兄弟姐妹吗?
Měinà 美娜	Méiyǒu, wǒ shì dúshēngnǚ, nǐ ne? 没有，我是独生女，你呢?
Dōngmín 东民	Wǒ yǒu yí ge gēge. 我有一个哥哥。
Měinà 美娜	Zhēn xiànmù nǐ. 真羡慕你。

QUIZ! 미나는 형제자매가 있나요?

새 단어

🎧 04-04

兄弟 xiōngdì 명 형제 | 姐妹 jiěmèi 명 자매 | 没有 méiyǒu 동 없다 | 独生女 dúshēngnǚ 명 외동딸 |

个 ge 양 명, 개(사람이나 사물을 세는 단위) | 真 zhēn 부 정말 | 羡慕 xiànmù 동 부러워하다

리밍과 미나는 서로 국적에 대해 물어봅니다.

🎧 04-05

Lǐ Míng
李明
Nǐ shì nǎ guó rén?
你是哪国人？

Měinà
美娜
Wǒ shì Hánguórén, nǐ ne?
我是韩国人，你呢？

Lǐ Míng
李明
Wǒ shì Zhōngguórén.
我是中国人。

Měinà
美娜
Wǒ péngyou yě shì Zhōngguórén.
我朋友也是中国人。

Lǐ Míng
李明
Nǐ péngyou bú shì Rìběnrén ma?
你朋友不是日本人吗？

Měinà
美娜
Búshì, tā shì Zhōngguórén.
不是，他是中国人。

QUIZ! 리밍은 어느 나라 사람인가요？

새 단어

🎧 04-06 哪 nǎ 때 어느 | 国 guó 몡 나라, 국가 | 韩国 Hánguó 몡 한국 | 中国 Zhōngguó 몡 중국 | 朋友 péngyou 몡 친구 | 日本 Rìběn 몡 일본

1. 几를 사용한 의문문

几는 '몇'이라는 뜻의 의문사로, 일반적으로 대답에 10 이하의 숫자가 예상될 때 사용합니다.
10 이상이거나 수량과 상관없을 때에는 '얼마'라는 뜻의 多少 duōshao를 사용합니다.

> 예 你家有几口人? Nǐ jiā yǒu jǐ kǒu rén? 당신 집은 식구가 몇 명이에요?
>
> 你弟弟几岁? Nǐ dìdi jǐ suì? 당신 동생은 몇 살이에요?
>
> 你吃了几个苹果? Nǐ chī le jǐ ge píngguǒ? 당신 사과 몇 개 먹었어요?
>
> 你们班有多少学生? Nǐmen bān yǒu duōshao xuésheng? 당신 반에는 학생이 얼마나 있어요?

> ✎ 다음 중 几를 사용할 수 없는 문장은?
>
> ① 你妹妹(   )岁? Nǐ mèimei (   ) suì?
>
> ② 你家有(   )口人? Nǐ jiā yǒu (   ) kǒu rén?
>
> ③ 韩国有(   )人口? Hánguó yǒu (   ) rénkǒu?
>
> ④ 你喝了(   )杯茶? Nǐ hē le (   ) bēi chá?

2. 중국어의 양사

중국어는 사물을 세는 양사가 다양한데, 수사와 명사 사이에 반드시 양사를 넣어 '수사 + 양사 + 명사'의 구조로 씁니다.

> 예 两个哥哥 liǎng ge gēge 오빠 두 명
>
> 一本书 yì běn shū 책 한 권
>
> 三杯咖啡 sān bēi kāfēi 커피 세 잔
>
> 两只老虎 liǎng zhī lǎohǔ 호랑이 두 마리

✏️ 빈칸에 알맞은 양사를 써 보세요.

(1) 他买了三(　　)书。Tā mǎi le sān (　　) shū.
그는 책을 세 권 샀어요.

(2) 我昨天喝了两(　　)咖啡。Wǒ zuótiān hē le liǎng (　　) kāfēi.
나는 어제 커피를 두 잔 마셨어요.

(3) 我有一(　　)弟弟。Wǒ yǒu yí (　　) dìdi.
나는 남동생이 한 명 있어요.

3. 哪를 사용한 의문문

哪는 '어느'라는 뜻의 의문사로, 哪国人은 '어느 나라 사람'이라는 뜻으로, 국적을 물을 때 사용합니다.

예 A: 你是哪国人? Nǐ shì nǎ guó rén? 당신은 어느 나라 사람인가요?
B: 我是美国人。Wǒ shì Měiguórén. 저는 미국 사람이에요.

A: 你要哪个? Nǐ yào nǎ ge? 당신은 어느 것을 원하나요?
B: 我要这个。Wǒ yào zhè ge. 저는 이것을 원해요.

✏️ 다음 대화를 완성해 보세요.

A: 他是(　　)人? Tā shì (　　) rén? 그는 어느 나라 사람인가요?

B: 他是日本(　　)。Tā shì Rìběn (　　). 그는 일본인이에요.

중국어를 따라 쓰며, 빈칸에 한어병음을 쓰고 문장을 해석하세요.

1. **A** Nǐ jiā yǒu ⬜ kǒu rén?

🎧
04-07

你家有几口人?

해석 _____

B Wǒ jiā yǒu sì kǒu rén.

我家有四口人。

해석 _____

바꿔 말하기
sān
❶ 三 셋. 3
wǔ
❷ 五 다섯. 5

2. **A** Dōu yǒu shénme rén?

🎧
04-08

都有什么人?

해석 _____

B Bàba, māma, ⬜ hé wǒ.

爸爸, 妈妈, 姐姐和我。

해석 _____

3. **A** Nǐ yǒu xiōngdì jiěmèi ma?
你有 兄弟姐妹 吗?

04-09

바꿔 말하기
gēge
❶ 哥哥 오빠/형
mèimei
❷ 妹妹 여동생

해석 _____

B Méiyǒu, wǒ shì _____ .
没有,我是独生女。

해석 _____

4. **A** Nǐ shì _____ guó rén?
你是哪国人?

04-10

해석 _____

B Wǒ shì Hánguórén.
我是 韩国人。

바꿔 말하기
Zhōngguórén
❶ 中国人 중국인
Měiguórén
❷ 美国人 미국인

해석 _____

III

1. 다음 병음에 알맞은 중국어를 써 보세요.

(1) Hánguórén ▶ _____ (2) Zhōngguórén ▶ _____

(3) xiōngdì jiěmèi ▶ _____ (4) dúshēngnǚ ▶ _____

(5) xiànmù ▶ _____ (6) Rìběnrén ▶ _____

2. 서로 관련 있는 물음과 대답을 연결한 뒤 대화해 보세요.

Nǐ shì nǎ guó rén?
(1) 你是哪国人？

Wǒ shì Hánguórén.
① 我是韩国人。

Nǐ jiā yǒu jǐ kǒu rén?
(2) 你家有几口人？

Méiyǒu, wǒ shì dúshēngnǚ.
② 没有，我是独生女。

Nǐ yǒu xiōngdì jiěmèi ma?
(3) 你有兄弟姐妹吗？

Wǒ jiā yǒu sì kǒu rén.
③ 我家有四口人。

3. 제시어를 사용하여 대화를 완성해 보세요.

Zhōngguórén Rìběnrén
(1) 中国人 / 日本人

Tā shì Zhōngguórén ma?
A: 他是中国人吗？

Tā bú shì _____, _____.
B: 他不是_____，_____。

māma　wǒ
(2) 妈妈 / 我

Nǐ jiā dōu yǒu shénme rén?
A: 你家都有什么人？

Bàba, _____.
B: 爸爸,_____。

dúshēngnǚ　gēge
(3) 独生女 / 哥哥

Nǐ shì dúshēngnǚ ma?
A: 你是独生女吗？

Wǒ bú shì _____, _____.
B: 我不是_____,_____。

4. 다음 단어를 순서에 맞게 배열해 보세요.

jiā　　jǐ　　kǒu　　nǐ　　rén　　yǒu
(1) 家 / 几 / 口 / 你 / 人 / 有

▶ _____

yǒu　　sān　　ge　　gēge　　wǒ
(2) 有 / 三 / 个 / 哥哥 / 我

▶ _____

5. 자신의 상황에 맞게 문장을 완성해 보세요.

Wǒ jiào_____, wǒ shì_____rén.
(1) 我叫_____, 我是_____人。

Wǒ jiā yǒu _____.
(2) 我家有_____。

나라 이름은 중국어로 어떻게 말해요?

세계 여러 나라의 이름, 국민, 언어는 중국어로 어떻게 표현할까요?

많은 나라의 중국어 이름에는 '○국(国 guó)'이 들어갑니다. 그리고 중국어로 각 나라 사람은 대부분 나라 이름 뒤에 '○인(人 rén)'을 붙이고, 언어는 나라 이름 전체 혹은 첫 음절 뒤에 '○어(语 yǔ)'가 붙는 경우가 많습니다. 모든 나라에 적용되는 것은 아니니 주의하세요!

	Hánguó 韩国 한국		Fǎguó 法国 프랑스
	Zhōngguó 中国 중국		Jiānádà 加拿大 캐나다
	Měiguó 美国 미국		Déguó 德国 독일
	Yīngguó 英国 영국		Xībānyá 西班牙 스페인
	Rìběn 日本 일본		Bāxī 巴西 브라질

05 你今年多大？

너는 올해 몇 살이니？

학습 내용

- 나이를 묻는 표현

- 多를 사용한 의문 표현

- 자기소개 표현

Nǐ jīnnián duōdà?
你今年多大？

Duōdà? Duōgāo?
多大？多高？

Wǒ lái zìwǒ jièshào yíxià.
我来自我介绍一下。

📋 이번 과에서 배울 내용 📋

다음 단어를 읽고, 뜻을 유추해 보세요.

háizi
孩子

piàoliang
漂亮

다음 문장을 읽고, 뜻을 유추해 보세요.

Nǐ jīnnián duōdà?
❶ 你今年多大？

Wǒ yǒu yí ge nǚ'ér.
❷ 我有一个女儿。

Wǒ lái zìwǒ jièshào yíxià.
❸ 我来自我介绍一下。

선생님과 동민이가 나이에 대해 대화합니다.

🎧 05-01

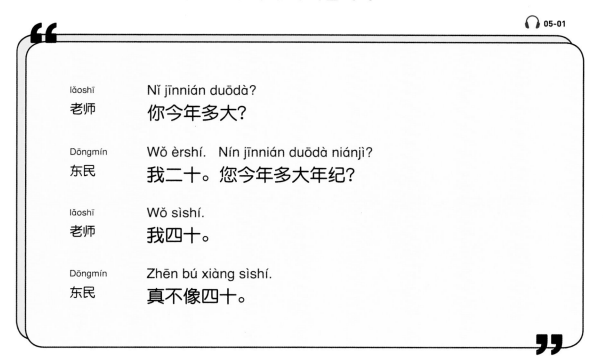

lǎoshī
老师
Nǐ jīnnián duōdà?
你今年多大?

Dōngmín
东民
Wǒ èrshí.　Nín jīnnián duōdà niánjì?
我二十。您今年多大年纪?

lǎoshī
老师
Wǒ sìshí.
我四十。

Dōngmín
东民
Zhēn bú xiàng sìshí.
真不像四十。

QUIZ! 동민이는 몇 살인가요?

새 단어

🎧 05-02　　今年 jīnnián 명 올해 ｜ 多大 duōdà (나이가) 얼마인가 ｜ 年纪 niánjì 명 나이, 연령 ｜ 像 xiàng 동 (마치) ~와 같다

동민이가 선생님에게 자녀에 대해 물어봅니다.

🎧 05-03

Dōngmín
东民
Nín yǒu háizi ma?
您有孩子吗?

lǎoshī
老师
Yǒu, wǒ yǒu yí ge nǚ'ér.
有，我有一个女儿。

Dōngmín
东民
Nín nǚ'ér jǐ suì?
您女儿几岁？

lǎoshī
老师
Tā jīnnián wǔ suì.
她今年五岁。

QUIZ! 선생님은 자녀가 몇 명 있나요?

새 단어

🎧 05-04   孩子 háizi 명 아이, 자녀 | 女儿 nǚ'ér 명 딸 | 几 jǐ 수 몇, 얼마 | 岁 suì 양 살, 세(나이를 세는 단위)

동민이가 소개하는 글을 읽어 봅시다.

🎧 05-05

> Nǐmen hǎo, rènshi nǐmen hěn gāoxìng.
> 你们好，认识你们很高兴。
>
> Wǒ lái zìwǒ jièshào yíxià, wǒ shì Hánguó liúxuéshēng Jīn Dōngmín.
> 我来自我介绍一下，我是韩国留学生金东民。
>
> Wǒ zài Zhōngguó xuéxí Hànyǔ, Hànyǔ hěn yǒu yìsi.
> 我在中国学习汉语，汉语很有意思。
>
> Zhè shì wǒmen de lǎoshī, tā hěn piàoliang.
> 这是我们的老师，她很漂亮。
>
> Zhè shì wǒ péngyou Měinà, tā hěn kě'ài.
> 这是我朋友美娜，她很可爱。
>
> Zhè shì wǒ, hěn shuài ba.
> 这是我，很帅吧。

QUIZ! 동민이는 미나를 어떻다고 생각하나요?

새 단어

🎧 05-06

认识 rènshi 동 알다, 인식하다 | 高兴 gāoxìng 형 기쁘다 | 来 lái 동 (어떤 동작을) 하다, 오다 | 自我 zìwǒ 명 자기 자신 | 介绍 jièshào 동 소개하다 | 一下 yíxià 양 좀 ~하다, 한번 ~하다 | 留学生 liúxuéshēng 명 유학생 | 在 zài 전 ~에서 | 学习 xuéxí 동 공부하다 | 有意思 yǒu yìsi 형 재미있다 | 漂亮 piàoliang 형 예쁘다, 아름답다 | 可爱 kě'ài 형 귀엽다 | 帅 shuài 형 멋있다

1. 해를 나타내는 표현

前年 qiánnián	去年 qùnián	今年 jīnnián	明年 míngnián	后年 hòunián
재작년	작년	올해	내년	내후년

> ✏️ 빈칸에 알맞은 단어를 써 보세요.
>
> 你(　　　)多大? Nǐ (　　　) duōdà? 너는 올해 몇 살이니?

2. 多를 사용한 의문문

多는 '얼마'라는 뜻으로, 형용사 (주로 단음절) 앞에 쓰면 정도를 묻는 의문문이 됩니다.

예 多大 duōdà [나이] 얼마나 많니?　　　　多高 duōgāo [키] 얼마나 크니?

多重 duōzhòng [체중] 얼마나 무겁니?　　　多远 duōyuǎn [거리] 얼마나 머니?

> ✏️ 빈칸에 알맞은 단어를 써 보세요.
>
> A: 你(　　)高? Nǐ (　　　)gāo? 너는 키가 얼마나 크니?
>
> B: 我一米八。 Wǒ yì mǐ bā. 나는 1미터 80이야.

3. 나이를 묻는 표현

(1) 어린 아이의 나이를 물을 때

예 你今年几岁? Nǐ jīnnián jǐ suì? 너는 올해 몇 살이니?

你几岁了? Nǐ jǐ suì le? 너는 몇 살이 됐니?

(2) 본인과 비슷한 나이일 때

예 你今年多大？ Nǐ jīnnián duōdà? 당신은 올해 나이가 어떻게 돼요?

你多大了？ Nǐ duōdà le? 당신은 몇 살이에요?

(3) 연장자의 나이를 물을 때

예 您多大年纪？ Nín duōdà niánjì? 연세가 어떻게 되십니까?

您多大岁数？ Nín duōdà suìshu? 연세가 어떻게 되십니까?

✏️ 빈칸에 알맞은 의문사를 써 보세요.

(1) A: 你(　　)岁了？ Nǐ (　　) suì le? 너는 몇 살이니?

B: 我五岁了。 Wǒ wǔ suì le. 나는 다섯 살이에요.

(2) A: 你今年(　　)大？ Nǐ jīnnián (　　)dà? 너는 올해 몇 살이니?

B: 我二十岁。 Wǒ èrshí suì. 나는 스무 살이야.

4. 손으로 하는 숫자 표현

중국인들은 물건을 사고팔 때 손을 이용해 숫자를 표시하는 경우가 많습니다.

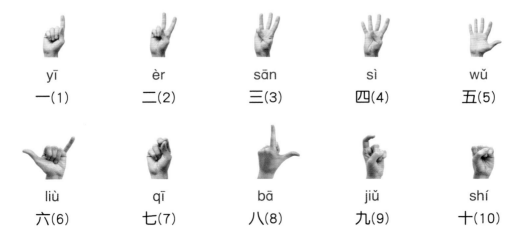

| yī | èr | sān | sì | wǔ |
| 一(1) | 二(2) | 三(3) | 四(4) | 五(5) |

| liù | qī | bā | jiǔ | shí |
| 六(6) | 七(7) | 八(8) | 九(9) | 十(10) |

중국어를 따라 쓰며, 빈칸에 한어병음을 쓰고 문장을 해석하세요.

1. **A** Nǐ jīnnián duōdà?

🎧
05-07
你今年多大?

해석 _____

B Wǒ èrshí.

我二十。

해석 _____

바꿔 말하기

shíbā
❶ 十八 18

èrshí'èr
❷ 二十二 22

2. **A** Nín jīnnián duōdà [   ] ?

🎧
05-08
您今年多大年纪?

해석 _____

B Wǒ sìshí.

我四十。

해석 _____

3. **A** Nín yǒu háizi ma?

您有孩子吗?

해석 _____

B Yǒu, wǒ yǒu yí ge nǚ'ér.

有，我有一个 女儿 。

바꿔 말하기

érzi
❶ 儿子 아들

nán háir
❷ 男孩儿 남자아이

해석 _____

4. **A** Zhè shì ▓▓▓▓▓ ?

这是谁?

해석 _____

B Zhè shì wǒmen de lǎoshī, tā hěn ▓▓▓▓▓ .

这是我们的老师，她很漂亮。

해석 _____

1. 다음 병음에 알맞은 중국어를 써 보세요.

(1) háizi ▶ _____

(2) gāoxìng ▶ _____

(3) jièshào ▶ _____

(4) shuài ▶ _____

(5) nǚ'ér ▶ _____

(6) rènshi ▶ _____

2. 서로 관련 있는 물음과 대답을 연결한 뒤 대화해 보세요.

Nín yǒu háizi ma?
(1) 您有孩子吗?

Wǒ yǒu yí ge nǚ'ér.
① 我有一个女儿。

Nín nǚ'ér jǐ suì?
(2) 您女儿几岁?

Wǒ sìshí.
② 我四十。

Nín jīnnián duōdà niánjì?
(3) 您今年多大年纪?

Tā jīnnián wǔ suì.
③ 她今年五岁。

3. 다음 단어를 순서에 맞게 배열해 보세요.

nǚ'ér　　yī　　yǒu　　wǒ　　ge
(1) 女儿 / 一 / 有 / 我 / 个

▶ _____

　　　　　wǔ　　　tā　　jīnnián　　suì
(2) 五 / 她 / 今年 / 岁

　　▶ _____

　　　　　zài　　Hànyǔ　Zhōngguó　wǒ　　xuéxí
(3) 在 / 汉语 / 中国 / 我 / 学习

　　▶ _____

4. 제시어를 사용하여 대화를 완성해 보세요.

　　　　　Nín háizi _____?
(1) A: 您孩子_____? (几)

　　　　　Tā jīnnián wǔ suì.
　　B: 他今年五岁。

　　　　　Wǒ jīnnián sìshí.
(2) A: 我今年四十。

　　　　　Zhēn _____ sìshí.
　　B: 真_____四十。 (像)

5. 자신을 소개하는 글을 중국어로 써 보세요.

_____

_____

띠에 대한 중국인들의 생각

중국인들은 처음 만났을 때 띠를 물어서 나이를 가늠할 만큼 띠를 중요하게 생각합니다. 띠에 대한 관심은 취업과 출산에까지 영향을 미치고 있습니다. 심지어 중국의 한 회사에서는 기피하는 띠를 가진 구직자를 받지 않겠다고 해서 논란이 된 적이 있고, 황금 돼지해에는 출산 붐이 일기도 했습니다.

띠를 중시하는 중국에는 '본명년(本命年)'이라는 풍습이 있습니다. 본명년은 자기띠와 같은 해를 말하는데요, 이 본명년을 아주 불길하고도 흉한 것으로 본답니다.

그렇다면 중국인들은 본명년을 어떻게 보낼까요? 가족, 친지, 친구들은 본명년을 맞은 사람에게 불길함을 떨쳐버릴 수 있는 특별한 액막이용 선물을 합니다. 흉과 화를 면하고, 기쁨을 가져다 준다는 의미가 있는 빨간색의 양말, 속옷, 띠(팔찌)는 언제 어디서나 몸에 지닐 수 있어, 본명년을 맞이한 사람의 건강과 안전을 확실하게 지켜준다고 생각하기 때문입니다.

06 现在几点?

지금 몇 시야?

학습 내용

- 시간을 묻는 표현

  Xiànzài jǐ diǎn?
  现在几点?

- 날짜를 묻는 표현

  Jīntiān jǐ yuè jǐ hào?
  今天几月几号?

- 비교를 나타내는 표현

  Nǚshēng bǐ nánshēng duō liǎng ge rén.
  女生比男生多两个人。

📋 이번 과에서 배울 내용 📋

다음 단어를 읽고, 뜻을 유추해 보세요.

①

shēngrì
生日

②

sān diǎn
三点

다음 문장을 읽고, 뜻을 유추해 보세요.

Xiànzài jǐ diǎn?
① 现在几点?

Nǐ de shēngrì jǐ yuè jǐ hào?
② 你的生日几月几号?

Nǐmen bān yǒu duōshao ge nánshēng?
③ 你们班有多少个男生?

동민이가 미나에게 시간을 물어보고 있습니다.

🎧 06-01

Dōngmín
东民
Xiànzài jǐ diǎn?
现在几点?

Měinà
美娜
Chà wǔ fēn sān diǎn.
差五分三点。

Dōngmín
东民
Nǐ sān diǎn yǒu kè ma?
你三点有课吗?

Měinà
美娜
Jīntiān xiàwǔ méiyǒu kè.
今天下午没有课。

QUIZ! 미나는 오늘 오후에 수업이 있나요?

새 단어

🎧 06-02 现在 xiànzài 명 지금 ┃ 点 diǎn 명 시 양 시간의 단위 ┃ 差 chà 형 차이가 나다, 모자라다 ┃ 分 fēn 명 분 양 분의

단위 ┃ 课 kè 명 수업, 과목 ┃ 下午 xiàwǔ 명 오후

동민이가 미나에게 생일을 물어봅니다.

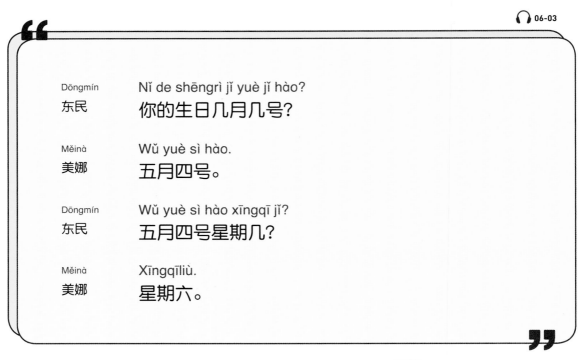

🎧 06-03

Dōngmín	Nǐ de shēngrì jǐ yuè jǐ hào?
东民	你的生日几月几号?

Měinà	Wǔ yuè sì hào.
美娜	五月四号。

Dōngmín	Wǔ yuè sì hào xīngqī jǐ?
东民	五月四号星期几?

Měinà	Xīngqīliù.
美娜	星期六。

QUIZ! 미나의 생일은 언제인가요?

새 단어

🎧 06-04 生日 shēngrì 명 생일 | 月 yuè 명 월, 달 | 号 hào 명 일 | 星期 xīngqī 명 요일

왕웨이가 미나에게 궁금한 것을 물어봅니다.

06-05

Wáng Wěi 王伟	Nǐmen bān yǒu duōshao ge nánshēng? 你们班有多少个男生?
Měinà 美娜	Shíwǔ ge. 十五个。
Wáng Wěi 王伟	Yǒu jǐ ge nǚshēng? 有几个女生?
Měinà 美娜	Nǚshēng bǐ nánshēng duō liǎng ge rén. 女生比男生多两个人。
Wáng Wěi 王伟	Nǐ duōgāo? 你多高?
Měinà 美娜	Wǒ yì mǐ liù wǔ. 我一米六五。

QUIZ! 미나의 반에는 몇 명의 여학생이 있나요?

새 단어

06-06 班 bān 명 반, 학급 | 多少 duōshao 대 얼마나 | 男生 nánshēng 명 남학생 | 女生 nǚshēng 명 여학생 |

比 bǐ 동 ~보다, ~에 비하여 | 多 duō 형 많다 부 얼마나 | 高 gāo 형 높다, 크다 | 米 mǐ 양 미터(meter)

1. 시간을 나타내는 표현

예 现在几点? Xiànzài jǐ diǎn? 지금 몇 시예요?

➥ 八点。Bā diǎn. 8시예요.

➥ 十点五分。Shí diǎn wǔ fēn. 10시 5분이에요.

➥ 五点半。Wǔ diǎn bàn. 5시 30분이에요.

   = 五点三十(分)。Wǔ diǎn sānshí (fēn).

➥ 差五分三点。Chà wǔ fēn sān diǎn. 2시 55분이에요.

   = 两点五十五(分)。Liǎng diǎn wǔshíwǔ (fēn).

   ※ 주의! '2시'는 两点 liǎng diǎn 이라고 합니다.

✏ 시계를 보고 몇 시인지 말해 보세요.

현在几点? Xiànzài jǐ diǎn? 지금 몇 시예요?

2. 요일 및 주를 나타내는 표현

xīngqīyī 星期一	xīngqī'èr 星期二	xīngqīsān 星期三	xīngqīsì 星期四	xīngqīwǔ 星期五	xīngqīliù 星期六	xīngqītiān 星期天 xīngqīrì 星期日
월요일	화요일	수요일	목요일	금요일	토요일	일요일

shàng (ge) xīngqī 上(个)星期	zhè (ge) xīngqī 这(个)星期	xià (ge) xīngqī 下(个)星期
지난주	이번 주	다음 주

yí ge xīngqī 一个星期	liǎng ge xīngqī 两个星期	sān ge xīngqī 三个星期
1주일	2주일	3주일

✏️ 물음에 알맞은 대답을 써 보세요.

(1) A: **今天星期几?** Jīntiān xīngqī jǐ? 오늘은 무슨 요일이에요?

B: _____ 。

(2) A: **下星期五你有课吗?** Xià xīngqīwǔ nǐ yǒu kè ma? 다음 주 금요일에 당신 수업 있어요?

B: _____ 。

3. 비교를 나타내는 표현

'A + 比 + B + 비교한 결과'는 'A는 B보다 ~하다'라는 뜻으로 비교를 나타냅니다.

예 **我比你大。** Wǒ bǐ nǐ dà. 내가 당신보다 나이가 많아요.

我比他聪明。 Wǒ bǐ tā cōngming. 나는 그보다 똑똑해요.

今天比昨天热。 Jīntiān bǐ zuótiān rè. 오늘은 어제보다 더워요.

✏️ 빈칸에 알맞는 단어를 써 보세요.

我( )你( )两岁。 Wǒ ( ) nǐ ( ) liǎng suì.

내가 당신보다 두 살 많아요.

중국어를 따라 쓰며, 빈칸에 한어병음을 쓰고 문장을 해석하세요.

1. **A** Xiànzài jǐ diǎn?

현재几点?

해석 _____

B Chà wǔ fēn sān diǎn.

差五分三点。

해석 _____

바꿔 말하기

bā diǎn
❶ 八点 8시

shí'èr diǎn bàn
❷ 十二点半 12시 30분

2. **A** Nǐ sān diǎn yǒu kè ma?

你三点有课吗?

해석 _____

B Jīntiān ▩▩▩▩ méiyǒu ▩▩▩ .

今天下午没有课。

해석 _____

3. A Nǐ de shēngrì jǐ yuè jǐ hào?

你的生日几月几号?

해석 _____

B Wǔ yuè sì hào.

五月四号。

bā yuè shíwǔ hào
❶ 八月十五号 8월 15일

shí'èr yuè sān hào
❷ 十二月三号 12월 3일

해석 _____

4. A Nǐmen bān yǒu [____] ge nánshēng?

06-10

你们班有多少个男生?

해석 _____

B Shíwǔ ge, nǚshēng [____] nánshēng duō liǎng ge.

十五个, 女生比男生多两个。

해석 _____

1. 빈칸에 알맞은 병음이나 중국어를 써 보세요.

(1) xiànzài ▶ ＿＿＿＿＿＿＿＿   (2) 星期 ▶ ＿＿＿＿＿＿＿＿

(3) 前天 ▶ ＿＿＿＿＿＿＿＿   (4) hòutiān ▶ ＿＿＿＿＿＿＿＿

(5) shēngrì ▶ ＿＿＿＿＿＿＿＿   (6) 中午 ▶ ＿＿＿＿＿＿＿＿

2. 빈칸에 '上', '下'를 포함한 단어를 써 보세요.

(1) 지난주 ▶ ＿＿＿＿＿＿＿＿   (3) 다음 주 ▶ ＿＿＿＿＿＿＿＿

(2) 오전 ▶ ＿＿＿＿＿＿＿＿   (4) 오후 ▶ ＿＿＿＿＿＿＿＿

3. 자신의 상황에 맞게 물음에 알맞은 대답을 써 보세요.

Xiànzài jǐ diǎn?
(1) 现在几点? ▶ ＿＿＿＿＿＿＿＿＿＿＿＿＿

Nǐ sì diǎn yǒu kè ma?
(2) 你四点有课吗? ▶ ＿＿＿＿＿＿＿＿＿＿＿＿＿

Nǐ duōgāo?
(3) 你多高? ▶ ＿＿＿＿＿＿＿＿＿＿＿＿＿

4. 다음 단어를 순서에 맞게 배열해 보세요.

      jǐ   sì hào   wǔ yuè   xīngqī
(1) 几 / 四号 / 五月 / 星期

    ▶ _____

     duō   nǚshēng   bǐ   nánshēng liǎng ge rén
(2) 多 / 女生 / 比 / 男生 / 两个人

    ▶ _____

5. 다음 문장을 중국어로 써 보세요.

(1) 여학생이 남학생보다 세 명 많아요.

    ▶ _____

(2) 내가 당신보다 한 살 많아요.

    ▶ _____

(3) 내 남동생이 나보다 키가 커요.

    ▶ _____

중국의 선물 문화

중국에서는 선물로 주는 것을 기피하는 물건이 몇 가지 있습니다.

이러한 문화를 모르고 선물을 준다면 상대방의 기분을 언짢게 하는 경우가 발생할 수 있으니, 중국의 선물 문화에 대해 미리 알아두세요.

I. 기피하는 선물

'시계를 주다'는 중국어로 送钟 sòngzhōng 인데, '장례를 치르다'라는 의미의 送终 sòngzhōng 과 발음이 같아서 시계 선물은 하지 않는다고 합니다.

▲ 시계

우산을 뜻하는 伞 sǎn 의 발음과 '흩어지다'를 뜻하는 散 sǎn 의 발음이 같아서 우산 선물도 잘 하지 않습니다.

▲ 우산

2. 선호하는 선물

중국에서는 크리스마스에 사과를 선물로 주곤 합니다. '사과'라는 뜻의 苹果 píngguǒ 와 '평안'을 뜻하는 平安 píng'ān 의 앞 글자 발음이 같기 때문에 중국인들이 받으면 좋아하는 선물입니다.

▲ 사과

07 我没带英语书！

내가 영어 책을 안 가져왔어!

학습 내용

- 부정을 나타내는 표현

  Wǒ méi dài Yīngyǔ shū.
  我没带英语书。

- 완료를 나타내는 표현

  Wǒ dài le.
  我带了。

- 반어적인 표현

  Nà ge bú shì ma?
  那个不是吗？

📋 이번 과에서 배울 내용 📋

다음 단어를 읽고, 뜻을 유추해 보세요.

❶

Yīngyǔ
英语

❷

qíguài
奇怪

다음 문장을 읽고, 뜻을 유추해 보세요.

Yìqǐ kàn ba.
❶ 一起看吧。

Zhuōzi shang méiyǒu ma?
❷ 桌子上没有吗?

Nà shì Yīngyǔ shū.
❸ 那是英语书。

동민이가 영어 책을 두고 왔나 봅니다.

🎧 07-01

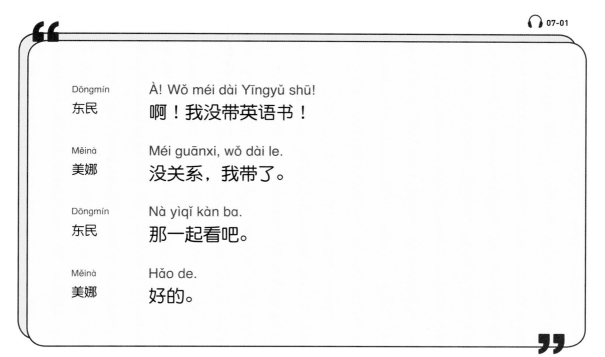

Dōngmín 东民	À! Wǒ méi dài Yīngyǔ shū! 啊！我没带英语书！
Měinà 美娜	Méi guānxi, wǒ dài le. 没关系，我带了。
Dōngmín 东民	Nà yìqǐ kàn ba. 那一起看吧。
Měinà 美娜	Hǎo de. 好的。

QUIZ! 미나는 영어 책을 가져왔나요?

새 단어

🎧 07-02

啊 à 탄 애(감탄사) | 没 méi 부 ～하지 않다 | 带 dài 통 가지다, 지니다 | 英语 Yīngyǔ 명 영어 | 书 shū 명 책 | 了 le 조 ～했다, ～되다(완료나 변화를 나타내는 조사) | 那 nà 접 그러면, 그렇다면 | 一起 yìqǐ 부 같이, 함께 | 看 kàn 동 보다 | 吧 ba 조 ～하자(청유를 나타내는 조사) | 好的 hǎo de 좋아, 좋다

동민이가 중국어 책도 보이지 않자 미나에게 물어봅니다.

🎧 07-03

Dōngmín
东民
Wǒ de Hànyǔ shū ne?
我的汉语书呢？

Měinà
美娜
Zhuōzi shang méiyǒu ma?
桌子上没有吗？

Dōngmín
东民
Méiyǒu, wǒ zhǎo le bàntiān le.
没有，我找了半天了。

Měinà
美娜
Zhēn qíguài.
真奇怪。

QUIZ! 동민이는 중국어 책을 찾았나요?

Tip

중국어 표현 방향과 위치를 나타내는 명사

```
          上边
        shàngbian
左边      中间       右边
zuǒbian  zhōngjiān  yòubian
          下边
        xiàbian
```

Zhuōzi shang yǒu bǐjìběn.
桌子上有笔记本。 탁자 위에 공책이 있어.

Shūbāo zài zhuōzi xiàbian.
书包在桌子下边。 책가방은 탁자 아래에 있어.

새 단어

🎧 07-04　　汉语 Hànyǔ 명 중국어 ｜ 桌子 zhuōzi 명 탁자, 책상 ｜ 上 shang 명 위 ｜ 没有 méiyǒu 동 없다 ｜ 找 zhǎo 동

찾다 ｜ 半天 bàntiān 명 한나절, 한참 동안 ｜ 真 zhēn 부 정말, 참으로 ｜ 奇怪 qíguài 형 이상하다, 괴상하다

동민이가 드디어 중국어 책을 찾았나 봅니다.

🎧 07-05

Měinà 美娜	Chuáng shang nà ge bú shì ma? 床上那个不是吗?
Dōngmín 东民	Bú shì, nà shì Yīngyǔ shū. 不是，那是英语书。
Měinà 美娜	Nǐ kàn, zài dì shang ne! 你看，在地上呢！
Dōngmín 东民	Duì, jiù shì zhè běn. 对，就是这本。

QUIZ! 동민이의 중국어 책은 어디에 있었나요?

새 단어 ┄┄┄

🎧 07-06   床 chuáng 명 침대 | 那 nà 대 저(것), 그(것) | 在 zài 동 ~에 있다 | 地 dì 명 땅, 바닥 | 这 zhè 대 이(것) |

本 běn 양 권(책을 세는 단위)

1. 부정을 나타내는 표현

不는 현재나 미래에 대한 부정을 나타내고, 没는 이미 발생한 일에 대한 부정을 나타냅니다.

> 예 我不去。Wǒ bú qù. 나는 안 갈래요.
>
> 我没去。Wǒ méi qù. 나는 가지 않았어요.
>
> 我不带英语书。Wǒ bú dài Yīngyǔ shū. 나는 영어 책을 안 가지고 갈래요.
>
> 我没带英语书。Wǒ méi dài Yīngyǔ shū. 나는 영어 책을 안 가지고 왔어요.

✏️ 빈칸에 알맞은 단어를 써 보세요.

我(　　)吃早饭。Wǒ (　　　) chī zǎofàn. 나는 아침을 먹지 않았어요.

2. 조사 了

了는 이미 발생한 동작이나 변화를 나타내는 어기에 사용합니다.

> 예 我带了英语书。Wǒ dài le Yīngyǔ shū. 나는 영어 책을 가지고 왔어요.
>
> 我吃了一个苹果。Wǒ chī le yí ge píngguǒ. 나는 사과 한 개를 먹었어요.
>
> 我吃饭了。Wǒ chī fàn le. 나는 밥을 먹었어요.
>
> 我五岁了。Wǒ wǔ suì le. 나는 다섯 살이 되었어요.

✏️ 알맞은 조사를 써 보세요.

我吃(　　)三个香蕉。Wǒ chī (　　　) sān ge xiāngjiāo. 나는 바나나 세 개를 먹었어요.

3. 조사 吧

吧는 청유나 명령, 추측을 나타냅니다.

> **예** 我们一起看吧。Wǒmen yìqǐ kàn ba. 우리 같이 보자.
>
> 现在吃饭吧。Xiànzài chī fàn ba. 지금 밥 먹자.
>
> 你今天不来吧。Nǐ jīntiān bù lái ba. 너는 오늘 안 오겠지.
>
> 你是中国人吧。Nǐ shì Zhōngguórén ba. 당신은 중국인이죠?

✎ 吧의 용법이 다른 하나를 골라 보세요.

① 一起看吧。Yìqǐ kàn ba.

② 现在吃饭吧。Xiànzài chī fàn ba.

③ 你是中国人吧。Nǐ shì Zhōngguórén ba.

4. 존재를 나타내는 표현

(1) 사람/사물 + 在 + 방위/장소

> **예** 汉语书在桌子上。Hànyǔ shū zài zhuōzi shang. 중국어 책은 책상 위에 있어요.

(2) 방위/장소 + 有 + 사람/사물

> **예** 桌子上有汉语书。Zhuōzi shang yǒu Hànyǔ shū. 책상 위에 중국어 책이 있어요.

✎ 빈칸에 알맞은 단어를 써 보세요.

英语书（　　）桌子上。Yīngyǔ shū （　　） zhuōzi shang. 영어 책은 책상 위에 있어요.

중국어를 따라 쓰며, 빈칸에 한어병음을 쓰고 문장을 해석하세요.

1. **A** Wǒ méi dài Yīngyǔ shū!

   07-07   我没带 英语 书!

   바꿔 말하기

   Hànyǔ
   ❶ 汉语 중국어
   Rìyǔ
   ❷ 日语 일본어

   해석 _____

   B Méi guānxi, wǒ ▨ le.

   没关系，我带了。

   해석 _____

2. **A** Wǒ de Hànyǔ shū ne?

   07-08   我的汉语书呢?

   해석 _____

   B ▨ shang méiyǒu ma?

   桌子上没有吗?

   해석 _____

3. **A** Chuáng shang nà ge bú shì ma?

床上那个不是吗?

해석 _____

B Bú shì, nà shì Yīngyǔ shū.

不是，那是英语书。

해석 _____

바꿔 말하기

nà bú shì Hànyǔ shū
❶ 那不是汉语书 저것은 중국어 책이 아니다

zhè shì Rìyǔ shū
❷ 这是日语书 이것은 일본어 책이다

4. **A** Nǐ kàn, ___ dì shang ne!

你看，在地上呢!

해석 _____

B Duì, jiù shì zhè ___ .

对，就是这本。

해석 _____

〓

1. 빈칸에 알맞은 병음이나 중국어를 써 보세요.

(1) yìqǐ ▶ _____ (2) 床 ▶ _____

(3) 英语 ▶ _____ (4) qíguài ▶ _____

(5) bàntiān ▶ _____ (6) 真 ▶ _____

2. 본문을 생각하며 다음 물음에 답해 보세요.

Měinà dài Yīngyǔ shū le ma?
(1) 美娜带英语书了吗? ▶ _____

Dōngmín de Yīngyǔ shū zài nǎr?
(2) 东民的英语书在哪儿? ▶ _____

3. 다음 단어를 순서에 맞게 배열해 보세요.

wǒ de bú shì Hànyǔ zhè shū
(1) 我 / 的 / 不是 / 汉语 / 这 / 书

▶ _____

méiyǒu zhuōzi shang ma
(2) 没有 / 桌子上 / 吗

▶ _____

Dōngmín rén ba shì Hánguó
(3) 东民 / 人 / 吧 / 是 / 韩国

▶ _____

4. 빈칸에 '不', '没', '了' 중 알맞은 것을 골라 써 보세요.

　Wǒ chī (　　　) yí ge píngguǒ.
(1) 我吃(　　　)一个苹果。

　Zuótiān wǒ (　　　) qù xuéxiào.
(2) 昨天我(　　　)去学校。

　Wǒ (　　　) xiǎng chī wǎnfàn.
(3) 我(　　　)想吃晚饭。

5. 다음 문장을 중국어로 옮겨 보세요.

(1) 그럼 같이 보자.

　▶ _____

(2) 내가 한참 동안 찾았어!

　▶ _____

(3) 정말 이상하다! 책상 위에 없어.

　▶ _____

(4) 맞아, 바로 이 책이야.

　▶ _____

중국의 학제와 대학 생활

　중국의 학제는 한국과 같이 6-3-3-4제를 기본으로 하고 있으나, 농촌 및 내륙 지역 등은 지역 실정에 따라 일부 변형된 학제를 운영하고 있습니다. 중국의 학교는 그 기능에 따라 기초교육(유치원, 초등학교, 중등학교), 직업기술교육, 고등교육 및 성인교육으로 구분합니다.

　모든 학교는 9월에 신학기를 시작하여 다음 해 7월에 끝나는 2학기제로 운영되고, 1995년부터 주5일제 수업을 하고 있습니다. 중·고등학교는 대부분의 학생들이 기숙사 생활을 하며, 고등학교 3년 동안 담임 선생님이 바뀌지 않습니다. 그리고 고등학교 3학년은 매년 6월 7~9일, 총 3일 동안 우리나라의 수능과 같은 高考 gāokǎo 로 대입 시험을 봅니다.

　중국의 대학 캠퍼스는 대부분 넓기 때문에 학생들 대부분이 캠퍼스 내에서 자전거를 타고 다닙니다. 한국 대학생들과 달리 중국 대학생들은 대부분 기숙사 생활을 합니다. 수업을 8시에 시작하고, 아침은 주로 간단한 음식을 사 먹습니다. 그리고 대학 신입생은 모두 군사 훈련을 받습니다.

08 你去几楼?

몇 층 가세요?

학습 내용

- 정중하게 묻는 표현
  Qǐngwèn, xuéxiào lǐ yǒu yóujú ma?
  请问，学校里有邮局吗?

- 방향을 나타내는 표현
  Wǎng qián zǒu yì bǎi mǐ jiù xíng.
  往前走一百米就行。

- 길을 묻는 표현
  Dìtiě zhàn zěnme zǒu?
  地铁站怎么走?

📋 이번 과에서 배울 내용 📋

다음 단어를 읽고, 뜻을 유추해 보세요.

❶

diàntī
电梯

❷

yóujú
邮局

다음 문장을 읽고, 뜻을 유추해 보세요.

Nǐ qù jǐ lóu?
❶ 你去几楼?

Xuéxiào lǐ yǒu yóujú ma?
❷ 学校里有邮局吗?

Qǐngwèn, dìtiě zhàn zěnme zǒu?
❸ 请问，地铁站怎么走?

리밍이 엘리베이터를 기다립니다.

🎧 08-01

Lǐ Míng 李明	Diàntī lái le! 电梯来了！	
Měinà 美娜	Děngdeng! 等等！	
Lǐ Míng 李明	Nǐ qù jǐ lóu? 你去几楼？	
Měinà 美娜	Wǔ lóu, xièxie nǐ! 五楼，谢谢你!	

QUIZ! 미나는 몇 층에 가나요?

 Tip

중국어 표현　电이 들어가는 표현

· 坐 zuò	电梯 diàntī	→	엘리베이터를 타다
· 打 dǎ	电话 diànhuà	→	전화를 하다
· 看 kàn ＋	电视 diànshì	→	텔레비전을 보다
· 看 kàn	电影 diànyǐng	→	영화를 보다
· 玩儿 wánr	电脑 diànnǎo	→	컴퓨터를 하다

▶ **새 단어**

🎧 08-02　电梯 diàntī 명 엘리베이터 | 来 lái 동 오다 | 等 děng 동 기다리다 | 去 qù 동 가다 | 楼 lóu 양 층

회화 2

미나가 학교에 우체국이 있는지 물어봅니다.

🎧 08-03

> Měinà
> 美娜
> Qǐngwèn, xuéxiào lǐ yǒu yóujú ma?
> 请问，学校里有邮局吗？
>
> Lǐ Míng
> 李明
> Yǒu, wǎng qián zǒu yì bǎi mǐ jiù xíng.
> 有，往前走一百米就行。
>
> Měinà
> 美娜
> ATM jī ne?
> ATM机呢？
>
> Lǐ Míng
> 李明
> Yóujú pángbiān jiù yǒu.
> 邮局旁边就有。

QUIZ! 학교 안에 우체국이 있나요?

새 단어

🎧 08-04　请问 qǐngwèn 말씀 좀 묻겠습니다 │ 学校 xuéxiào 명 학교 │ 里 lǐ 명 안 │ 邮局 yóujú 명 우체국 │ 往 wǎng

개 ~로, ~을 향해 │ 前 qián 명 앞 │ 走 zǒu 동 가다, 걷다 │ 百 bǎi 수 백, 100 │ 行 xíng 동 ~해도 되다 │

ATM机 ATM jī 명 에이티엠, 현금자동입출금기 │ 旁边 pángbiān 명 옆(쪽), 곁

회화 3

미나가 행인에게 지하철역이 어디 있는지 물어봅니다.

🎧 08-05

> Měinà
> 美娜
> Qǐngwèn, dìtiě zhàn zěnme zǒu?
> 请问，地铁站怎么走？
>
> xíngrén yī
> 行人1
> Duìbuqǐ, wǒ bú tài qīngchu.
> 对不起，我不太清楚。
>
> xíngrén èr
> 行人2
> Wǒ zhīdao, qǐng gēn wǒ lái.
> 我知道，请跟我来。
>
> Měinà
> 美娜
> Xièxie nín!
> 谢谢您！

QUIZ! 미나가 찾고 있는 곳은 어디인가요?

새 단어

🎧 08-06 地铁 dìtiě 몡 지하철 | 站 zhàn 몡 역, 정거장 | 怎么 zěnme 때 어떻게, 어째서 | 行人 xíngrén 몡 행인 |

不太 bú tài 틧 그다지 ~하지 않다 | 清楚 qīngchu 혱 분명하다, 명확하다 | 知道 zhīdao 통 알다 | 跟 gēn

통 따르다, 따라가다

8과 99

1. 정중하게 요청하는 표현

상대방에게 어떤 일을 정중하게 요청할 때 请을 써서 표현합니다.

> **예** 请问。Qǐngwèn. 말씀 좀 묻겠습니다.
>
> 请进。Qǐng jìn. 들어오세요.
>
> 请坐。Qǐng zuò. 앉으세요.
>
> 请喝茶。Qǐng hē chá. 차 드세요.

> 🖊 빈칸에 알맞은 단어를 써 보세요.
>
> A: 老师，我是金东民。Lǎoshī, wǒ shì Jīn Dōngmín. 선생님, 저 김동민이에요.
>
> B: (　　)进! (　　) jìn! 들어오세요!

2. 방향을 나타내는 표현

往은 '~을 향하여'라는 뜻의 전치사로, 동작의 방향을 나타냅니다.

> **예** 往前走 wǎng qián zǒu 앞으로 가다
>
> 往后走 wǎng hòu zǒu 뒤로 가다
>
> 往右拐 wǎng yòu guǎi 오른쪽으로 돌다
>
> 往左拐 wǎng zuǒ guǎi 왼쪽으로 돌다

> 🖊 빈칸에 알맞은 단어를 써 보세요.
>
> A: 请问，地铁站在哪儿? Qǐngwèn, dìtiě zhàn zài nǎr?
> 실례합니다. 지하철 역은 어디에 있어요?
>
> B: 在前边(　　)右拐就行。Zài qiánbian (　　) yòu guǎi jiù xíng.
> 앞에서 우회전하면 돼요.

3. 怎么를 사용한 의문문

怎么는 '어떻게', '어째서'라는 의문사로, 수단이나 방식을 물을 때 사용합니다.

> [예] 怎么办呢? Zěnme bàn ne? 어떻게 해요?
>
> 你怎么来的? Nǐ zěnme lái de? 당신은 어떻게 왔어요?
>
> 你怎么现在才来? Nǐ zěnme xiànzài cái lái? 당신은 어째서 지금에서야 와요?
>
> 你怎么这样? Nǐ zěnme zhèyàng? 당신은 어째서 이래요?

✏️ 빈칸에 알맞은 단어를 써 보세요.

这个菜(   )吃? Zhè ge cài (   ) chī? 이 요리는 어떻게 먹는 거야?

4. 跟의 쓰임

跟은 개사로 '~와'라는 뜻과, 동사로 '따라가다', '뒤따르다'라는 뜻이 있습니다.

[개사]

> [예] 我跟他一起去北京。 Wǒ gēn tā yìqǐ qù Běijīng. 나는 그와 함께 베이징에 가요.

[동사]

> [예] 请跟我读。 Qǐng gēn wǒ dú. 저를 따라 읽으세요.

✏️ 빈칸에 알맞은 단어를 써 보세요.

(1) 我(   )你一样。 Wǒ (   ) nǐ yíyàng. 나는 당신과 같아요.

(2) (   )我来吧。 (   ) wǒ lái ba. 저를 따라 오세요.

중국어를 따라 쓰며, 빈칸에 한어병음을 쓰고 문장을 해석하세요.

1. **A** Nǐ qù _____ lóu?

(08-07)

你去几楼?

해석 _____

B Wǔ lóu, xièxie nǐ!

五楼，谢谢你！

해석 _____

2. **A** Qǐngwèn, xuéxiào lǐ yǒu yóujú ma?

(08-08)

请问，学校里有邮局吗?

바꿔 말하기

shítáng
❶ 食堂 식당

shūdiàn
❷ 书店 서점

해석 _____

B Yǒu, _____ qián _____ yì bǎi mǐ jiù xíng.

有，往前走一百米就行。

해석 _____

3. **A** Qǐngwèn, dìtiě zhàn zěnme zǒu?

请问，地铁站怎么走？

08-09

해석 _____

바꿔 말하기

jīchǎng
❶ 机场 공항

Běijīng Dàxué
❷ 北京大学 베이징 대학

B Duìbuqǐ, wǒ bú tài qīngchu.

对不起，我不太清楚。

해석 _____

4. **A** Wǒ ▢▢▢▢, qǐng ▢▢▢▢ wǒ lái.

我知道，请跟我来。

08-10

해석 _____

B Xièxie nín!

谢谢您！

해석 _____

1. 다음 병음에 알맞은 중국어를 써 보세요.

(1) qīngchu ▶ _____ (2) zhīdao ▶ _____

(3) diàntī ▶ _____ (4) xíngrén ▶ _____

(5) yóujú ▶ _____ (6) pángbiān ▶ _____

2. 밑줄 친 부분이 대답이 되도록 질문을 만들어 보세요.

Wǒ yào qù wǔ lóu.
(1) 我要去五楼。

▶ _____

Qù yóujú wǎng qián zǒu yì bǎi mǐ jiù xíng.
(2) 去邮局往前走一百米就行。

▶ _____

3. 제시어를 사용하여 대화를 완성해 보세요.

Nǐ yào qù _____?
(1) A: 你要去_____？（几）

Liù lóu. Xièxie nǐ!
B: 六楼。谢谢你！

Qǐngwèn, túshūguǎn lǐ yǒu ATM jī ma?
(2) A: 请问，图书馆里有ATM机吗？

Yǒu, _____.
B: 有,_____。（就）

4. 빈칸에 알맞은 단어를 넣어 보세요.

Míngtiān wǒ gěi nǐ (   ) diànhuà ba.
(1) 明天我给你(   )电话吧。 내일 내가 너에게 전화할게.

Jīntiān wǎnshang wǒmen yìqǐ kàn (   ) ba.
(2) 今天晚上我们一起看(   )吧。 우리 오늘 저녁에 같이 영화 보자.

5. 다음 단어를 순서에 맞게 배열해 보세요.

qǐng   wǒ   gēn   lái
(1) 请 / 我 / 跟 / 来

▶ _____

yóujú   yǒu ATM jī   pángbiān   jiù
(2) 邮局 / 有ATM机 / 旁边 / 就

▶ _____

yì bǎi mǐ   shì   shítáng   jiù   zǒu   wǎng qián
(3) 一百米 / 是 / 食堂 / 就 / 走 / 往前

▶ _____

문화 이해하기

중국의 교통수단

중국은 땅이 넓고 인구가 많아서 철도가 발달했습니다. 명절이나 공휴일에는 기차를 이용하는 사람들이 정말 많습니다. 기차의 종류도 많은데, 가장 빠른 高铁 gāotiě 그리고 일반 기차 중에서 가장 빠른 动车 dòngchē 등이 있습니다.

중국은 자전거 왕국이라 불릴 정도로 자전거가 많은데요. 요즘에는 QR코드와 GPS가 장착된 공용 자전거를 쉽게 이용할 수 있습니다. 어플을 이용해 바로 찾아 탈 수 있고, 아무 곳에나 세워놔도 괜찮다고 합니다.

그리고 많은 사람이 이용하는 버스는 저렴한 가격이 큰 장점인데, 우리나라처럼 지하철과 버스 사이의 환승은 불가능하다고 합니다. 거스름돈은 주지 않으므로 교통카드나 금액에 맞는 현금을 준비해야 합니다.

09 你做什么工作?

너는 무슨 일을 하니?

학습 내용

- 직업을 묻는 표현 1

Nǐ zuò shénme gōngzuò?
你做什么工作?

- 직업을 묻는 표현 2

Nǐ zài nǎr gōngzuò?
你在哪儿工作?

- 직업을 나타내는 표현

Wǒ xiǎng dāng yùndòngyuán!
我想当运动员!

📋 이번 과에서 배울 내용 📋

다음 단어를 읽고, 뜻을 유추해 보세요.

❶

xuéxiào
学校

❷

yùndòngyuán
运动员

다음 문장을 읽고, 뜻을 유추해 보세요.

Nǐ zuò shénme gōngzuò?
❶ 你做什么工作？

Wǒ xiǎng dāng lǎoshī.
❷ 我想当老师。

Wǒ shì yùndòngyuán!
❸ 我是运动员！

리밍이 미나에게 무슨 일을 하는지 물어봅니다.

🎧 09-01

Lǐ Míng
李明

Nǐ zuò shénme gōngzuò?
你做什么工作?

Měinà
智贤

Wǒ hái méi gōngzuò, wǒ shì xuésheng.
我还没工作，我是学生。

Lǐ Míng
李明

Nà nǐ yǐhòu xiǎng zuò shénme gōngzuò?
那你以后想做什么工作?

Měinà
智贤

Wǒ xiǎng dāng lǎoshī.
我想当老师。

QUIZ! 미나는 나중에 무슨 일을 하고 싶어 하나요?

새 단어

🎧 09-02 　做 zuò 동 ~하다 ｜ 什么 shénme 대 무엇 ｜ 工作 gōngzuò 명 일, 작업 동 일하다 ｜ 还 hái 부 아직 ｜ 学生 xuésheng 명 학생 ｜ 以后 yǐhòu 명 이후에 ｜ 想 xiǎng 조동 ~하고 싶다 동 생각하다 ｜ 当 dāng 동 ~이 되다, 맡다, 담당하다

왕웨이가 지현이에게 무슨 일을 하는지 물어봅니다.

🎧 09-03

Wáng Wěi 王伟	Nǐ zài nǎr gōngzuò? 你在哪儿工作?
Zhìxián 智贤	Wǒ zài xuéxiào dāng zhùjiào, nǐ ne? 我在学校当助教，你呢？
Wáng Wěi 王伟	Wǒ zài gōngsī gōngzuò. 我在公司工作。
Zhìxián 智贤	Wǒ yǐhòu yě xiǎng zài gōngsī gōngzuò. 我以后也想在公司工作。

QUIZ! 지현이는 현재 무슨 일을 하고 있나요?

새 단어

🎧 09-04　　哪儿 nǎr 団 어디 | 助教 zhùjiào 명 (대학의) 조교 | 公司 gōngsī 명 회사

친구들이 모여 장래희망에 대해 이야기하고 있습니다.

🎧 09-05

Dōngmín 东民	Wǒ xiǎng dāng yùndòngyuán! **我想当运动员！**
Zhìxián 智贤	Wǒ xiǎng dāng xiàng Shǐdìfū·Qiáobùsī yíyàng de qǐyèjiā. **我想当像史蒂夫·乔布斯一样的企业家。**
Wáng Wěi 王伟	Wǒ xiǎng dāng liǎobuqǐ de yīnyuèjiā. **我想当了不起的音乐家。**
Lǐ Míng 李明	Wǒ xiǎng dāng zhǔchírén, wǒ xiǎng yāoqǐng nǐmen cānjiā wǒ de jiémù. **我想当主持人，我想邀请你们参加我的节目。**

QUIZ! 리밍은 무엇이 되고 싶어 하나요?

새 단어

🎧 09-06

运动员 yùndòngyuán 명 운동선수 ｜ 史蒂夫·乔布斯 Shǐdìfū·Qiáobùsī 고유 스티브 잡스(인명) ｜ 一样 yíyàng 형 같다, 동일하다 ｜ 企业家 qǐyèjiā 명 기업가 ｜ 了不起 liǎobuqǐ 형 대단하다 ｜ 音乐家 yīnyuèjiā 명 음악가 ｜ 主持人 zhǔchírén 명 사회자 ｜ 邀请 yāoqǐng 동 초청하다 ｜ 参加 cānjiā 동 참가하다 ｜ 节目 jiémù 명 프로그램

1. 전치사 在

在는 '~에', '~에서'라는 뜻의 전치사로, 동작이 일어난 장소를 나타냅니다.

> 예 A: 你在哪儿工作? Nǐ zài nǎr gōngzuò? 당신은 어디에서 일하나요?
>
> B: 我在公司工作。 Wǒ zài gōngsī gōngzuò. 저는 회사에서 일하고 있어요.

> ✏️ 빈칸에 알맞은 단어를 써 보세요.
>
> (1) 你(　　)哪儿? Nǐ (　　　) nǎr?
> 너는 어디에 있니?
>
> (2) 我(　　)公园散步呢。 Wǒ (　　　) gōngyuán sànbù ne.
> 나는 공원에서 산책하고 있어.

2. 想의 쓰임

想은 조동사로 '~하고 싶다'라는 뜻과 동사로 '생각하다', '그리워하다'라는 뜻이 있습니다.

[조동사]

> 예 我想看电影。 Wǒ xiǎng kàn diànyǐng. 나는 영화를 보고 싶어요.
>
> 我想去北京旅游。 Wǒ xiǎng qù Běijīng lǚyóu. 나는 베이징에 여행 가고 싶어요.

[동사]

> 예 我想你! Wǒ xiǎng nǐ! 나는 네가 그리워!
>
> 你脑子里在想什么? Nǐ nǎozi lǐ zài xiǎng shénme? 너 머릿속에 무슨 생각하고 있어?

> ✏️ 빈칸에 알맞은 단어를 써 보세요.
>
> 我(　　)去中国旅行。 Wǒ (　　　) qù Zhōngguó lǚxíng.
> 나는 중국에 여행 가고 싶어.

3. 직업을 묻는 표현

(1) A: 你在哪儿工作? Nǐ zài nǎr gōngzuò? 당신은 어디에서 일하세요?

　B1: 我在公司工作。 Wǒ zài gōngsī gōngzuò. 저는 회사에서 일해요.

　B2: 我在学校工作。 Wǒ zài xuéxiào gōngzuò. 저는 학교에서 일해요.

(2) A: 你做什么工作? Nǐ zuò shénme gōngzuò? 당신은 무슨 일 하세요?

　B1: 我是老师。 Wǒ shì lǎoshī. 저는 선생님이에요.

　B2: 我在学校教学生。 Wǒ zài xuéxiào jiāo xuésheng. 저는 학교에서 학생을 가르쳐요.

✏️ 빈칸에 알맞은 단어를 써 보세요.

A: 你在哪儿工作? Nǐ zài nǎr gōngzuò?
당신은 어디에서 일하나요?

B: 我在学校工作, 我是(　　)。 Wǒ zài xuéxiào gōngzuò, wǒ shì (　　　　).
저는 학교에서 일해요, 선생님입니다.

4. 직업을 나타내는 단어

예 职员 zhíyuán 직원　　　　　　教授 jiàoshòu 교수

演员 yǎnyuán 배우　　　　　　歌手 gēshǒu 가수

老板 lǎobǎn 기업주, 사장　　　医生 yīshēng 의사

艺术家 yìshùjiā 예술가　　　　音乐家 yīnyuèjiā 음악가

✏️ 빈칸에 알맞은 중국어를 써 보세요.

(1) 교수　(　　　　　　　)　　(2) 가수　(　　　　　　　)

(3) 의사　(　　　　　　　)　　(4) 음악가　(　　　　　　　)

주요 회화 복습하기

중국어를 따라 쓰며, 빈칸에 한어병음을 쓰고 문장을 해석하세요.

1. 09-07

A Nǐ zuò shénme ______ ?

你做什么工作?

해석 ______

B Wǒ bù gōngzuò, wǒ shì ______ .

我不工作，我是学生。

해석 ______

2. 09-08

A Nǐ yǐhòu xiǎng zuò shénme gōngzuò?

你以后想做什么工作?

해석 ______

B Wǒ xiǎng dāng lǎoshī.

我想当老师。

해석 ______

바꿔 말하기

❶ 律师 lǜshī 변호사

❷ 医生 yīshēng 의사

3. **A** Nǐ zài nǎr gōngzuò?

你在哪儿工作?

해석 _____

B Wǒ zài gōngsī gōngzuò.

我在 公司 工作。

바꿔 말하기
xuéxiào
❶ 学校 학교

yīyuàn
❷ 医院 병원

해석 _____

4. **A** Wǒ xiǎng dāng _____!

我想当运动员!

해석 _____

B Wǒ xiǎng dāng _____ de yīnyuèjiā.

我想当了不起的音乐家。

해석 _____

1. 다음 병음에 알맞은 중국어를 써 보세요.

(1) gōngzuò ▶ _____

(2) zhùjiào ▶ _____

(3) gōngsī ▶ _____

(4) yǐhòu ▶ _____

(5) liǎobuqǐ ▶ _____

(6) cānjiā ▶ _____

2. 밑줄 친 부분이 대답이 되도록 질문을 만들어 보세요.

Wǒ xiǎng dāng lǎoshī.
(1) 我想当老师。 ▶ _____

Tā zài gōngsī gōngzuò.
(2) 他在公司工作。 ▶ _____

3. 제시어를 사용하여 대화를 완성해 보세요.

Nǐ zuò _____?
(1) A: 你做_____? (什么)

_____, wǒ shì dàxuéshēng.
B: _____, 我是大学生。(不)

Nà yǐhòu xiǎng zuò shénme gōngzuò?
A: 那以后想做什么工作?

Yǐhòu _____.
B: 以后_____。(当)

Nǐ zài nǎr gōngzuò?

(2) A: 你在哪儿工作？

_____, wǒ shì yīshēng.

B: _____，我是医生。(医院)

4. 다음 단어를 순서에 맞게 배열해 보세요.

yǐhòu　dāng　tā　xiǎng　lǎoshī
(1) 以后 / 当 / 他 / 想 / 老师

▶ _____

wǒ　xiǎng　zài　gōngzuò　yě　gōngsī
(2) 我 / 想 / 在 / 工作 / 也 / 公司

▶ _____

tā　xiǎng　yíyàng de　qǐyèjiā　dāng　xiàng Qiáobùsī
(3) 他 / 想 / 一样的 / 企业家 / 当 / 像乔布斯

▶ _____

5. 자신이 하고 싶은 일을 중국어로 써 보세요.

_____

_____

중국에서 인기 있는 직업

(2019년 고용노동부 블로그 출처)

1. 금융 분석가

급속한 경제 성장과 함께 상업은행, 보험사, 증권사, 펀드회사 등이 많아지면서 고수입 직업인 금융 분석가가 되려는 사람들의 경쟁이 치열하다고 합니다.

2. 장의 업계

중국의 사망자 수가 매년 820만 명이 넘기 때문에 장의업계의 발전 가능성이 아주 크다고 합니다.

3. 모바일 업계

전세계적으로 발달하고 있는 휴대전화는 시장이 지속적으로 커지고 있기 때문에 일자리 수요도 증가하고 있습니다.

4. 농업 산업

중국 국가공상총국이 농산물 온라인 거래시장을 적극적으로 지원하겠다고 하여 농업과 관련된 직업의 열기가 뜨거워지고 있습니다.

5. 건강관리사

건강관리사는 개인 및 집단 건강을 모니터링하고, 상담과 지도 그리고 관리하는 전문적인 인재가 할 수 있는 직업으로, 중국의 유망 직종입니다.

10 你会说汉语吗?

너 중국어 말할 수 있어?

학습 내용

• 능력을 묻는 표현

Nǐ huì shuō Hànyǔ ma?

你会说汉语吗?

• 정도를 나타내는 표현

Nǐ Zhōngguó cài zuò de zhēn hǎochī!

你中国菜做得真好吃!

• 계절을 나타내는 표현

Chūntiān lái le.

春天来了。

📋 이번 과에서 배울 내용 📋

다음 단어를 읽고, 뜻을 유추해 보세요.

❶

hǎochī
好吃

❷

chū hàn
出汗

다음 문장을 읽고, 뜻을 유추해 보세요.

Nǐ huì shuō Hànyǔ ma?
❶ 你会说汉语吗?

Nǐ Zhōngguó cài zuò de zhēn hǎochī!
❷ 你中国菜做得真好吃！

Qiūtiān lái le.
❸ 秋天来了。

리밍이 지현이에게 중국어를 할 줄 아는지 물어봅니다.

🎧 10-01

李明 Lǐ Míng
Nǐ huì shuō Hànyǔ ma?
你会说汉语吗?

智贤 Zhìxián
Huì yìdiǎnr.
会一点儿。

李明 Lǐ Míng
Nǐ tài qiānxū le.
你太谦虚了。

智贤 Zhìxián
Méiyǒu méiyǒu, hái chà de yuǎn ne.
没有没有，还差得远呢。

QUIZ! 지현이는 중국어를 할 줄 아나요?

새 단어

🎧 10-02　　会 huì 조동 ~할 수 있다 ┃ 说 shuō 동 말하다 ┃ 汉语 Hànyǔ 명 중국어 ┃ 一点儿 yìdiǎnr 수 조금 ┃ 谦虚 qiānxū 형 겸손하다 ┃ 差 chà 형 차이가 나다, 부족하다 ┃ 远 yuǎn 형 멀다

리밍이 미나에게 중국요리를 해 줍니다.

🎧 10-03

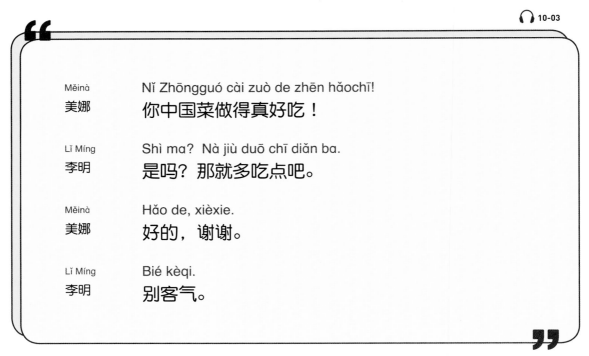

Měinà
美娜

Nǐ Zhōngguó cài zuò de zhēn hǎochī!
你中国菜做得真好吃！

Lǐ Míng
李明

Shì ma? Nà jiù duō chī diǎn ba.
是吗？ 那就多吃点吧。

Měinà
美娜

Hǎo de, xièxie.
好的，谢谢。

Lǐ Míng
李明

Bié kèqi.
别客气。

QUIZ! 리밍이 만든 중국요리는 맛이 어떤가요?

새 단어

🎧 10-04 菜 cài 명 요리 | 好吃 hǎochī 형 맛있다 | 就 jiù 부 바로, 곧 | 别 bié 부 ~하지 마라

친구들이 계절에 대해 말하고 있습니다.

🎧 10-05

Měinà
美娜
Chūntiān lái le, huā kāi le.
春天来了，花开了。

Dōngmín
东民
Xiàtiān lái le, chū hàn.
夏天来了，出汗。

Zhìxián
智贤
Qiūtiān lái le, qiū gāo qì shuǎng.
秋天来了，秋高气爽。

Lǐ Míng
李明
Dōngtiān lái le, duī xuěrén ba.
冬天来了，堆雪人吧。

QUIZ! 겨울에 눈이 오면 무엇을 하나요?

새 단어

🎧 10-06 春天 chūntiān 명 봄 | 花 huā 명 꽃 | 开 kāi 동 피다, 열다 | 夏天 xiàtiān 명 여름 | 出汗 chū hàn 동 땀이 나다 | 秋天 qiūtiān 명 가을 | 气 qì 명 공기 | 爽 shuǎng 형 상쾌하다, 시원하다 | 冬天 dōngtiān 명 겨울 | 堆 duī 동 쌓다 | 雪人 xuěrén 명 눈사람 | 堆雪人 duī xuěrén 눈사람을 만들다

1. 조동사 会

会는 '(배워서) ~할 수 있다', '~할 것이다'라는 뜻으로, 능력이나 추측을 나타냅니다.

[능력]　예　我会游泳。Wǒ huì yóuyǒng. 나는 수영을 할 수 있어요.

　　　　　　我会做中国菜。Wǒ huì zuò Zhōngguó cài. 나는 중국요리를 할 수 있어요.

[추측]　예　我会想你的！Wǒ huì xiǎng nǐ de! 나는 당신이 그리울 거예요!

　　　　　　明天会下雨吗？Míngtiān huì xià yǔ ma? 내일 비가 올까요?

> ✏️ 빈칸에 알맞은 단어를 써 보세요.
>
> (1) 你(　　)说英语吗？Nǐ (　　) shuō Yīngyǔ ma? 당신은 영어를 말할 수 있어요?
>
> (2) 他(　　)来吗？Tā (　　) lái ma? 그가 올까요?

2. 得의 쓰임

得는 '~하는 정도(상태)가 ~하다'라는 뜻의 보어를 연결합니다. 그 외에도 '얻다'라는 뜻의 동사 용법과 '~해야 한다'라는 뜻의 조동사 용법이 있습니다.

[得 de]

예　他汉语说得非常好。Tā Hànyǔ shuō de fēicháng hǎo. 그는 중국어를 매우 잘해요.

　　今天你怎么来得这么早？Jīntiān nǐ zěnme lái de zhème zǎo?
　　오늘 당신은 어째서 이렇게 일찍 왔어요?

[得 dé]

예　韩国选手得了第一名。Hánguó xuǎnshǒu dé le dì yī míng. 한국 선수가 1등을 획득했어요.

[得 děi]

예　你们得努力学习。Nǐmen děi nǔlì xuéxí. 너희들은 열심히 공부해야 해.

> ✏️ 빈칸에 알맞은 단어를 써 보세요.
>
> 你中国菜做(　　)真好吃! Nǐ Zhōngguó cài zuò (　　) zhēn hǎochī!
> 너 중국요리 정말 맛있게 한다!

3. 了의 쓰임

了는 동작을 이미 완료했음을 나타냅니다. 또한 새로운 사실의 출현, 변화를 나타내는 어기조사의 용법도 있습니다.

[동태조사]

예 秋天来了，我们去看红叶吧。Qiūtiān lái le, wǒmen qù kàn hóngyè ba.
가을이 왔어요, 우리 단풍 보러 가요.

你吃饭了吗? Nǐ chī fàn le ma? 너 밥 먹었니?

[어기조사]

예 我二十岁了。Wǒ èrshí suì le. 나는 스무 살이 되었어요.

你太谦虚了。Nǐ tài qiānxū le. 당신은 너무 겸손하네요.

✏ 빈칸에 알맞은 단어를 써 보세요.

(1) 夏天来(　　), 我们去海边吧。Xiàtiān lái (　　), wǒmen qù hǎibiān ba.
여름이 왔어요, 우리 해변에 가요.

(2) 冬天来(　　), 多穿衣服吧。Dōngtiān lái (　　), duō chuān yīfu ba.
겨울이 왔어요, 옷을 많이 입어요.

4. 계절과 날씨를 나타내는 단어

예 春天 chūntiān 봄　　　　暖和 nuǎnhuo 따뜻하다

夏天 xiàtiān 여름　　　　热 rè 덥다

秋天 qiūtiān 가을　　　　凉快 liángkuai 시원하다

冬天 dōngtiān 겨울　　　　冷 lěng 춥다

✏ 빈칸에 알맞은 중국어를 써 보세요.

(1) 여름　(　　　　　　)　　(2) 가을　(　　　　　　)

(3) 덥다　(　　　　　　)　　(4) 춥다　(　　　　　　)

중국어를 따라 쓰며, 빈칸에 한어병음을 쓰고 문장을 해석하세요.

1. A Nǐ huì shuō _____ ma?

🎧 10-07

你会说汉语吗?

바꿔 말하기

Yīngyǔ
❶ 英语 영어

Déyǔ
❷ 德语 독일어

해석 _____

B Huì yìdiǎnr.

会一点儿。

해석 _____

2. A Nǐ Zhōngguó cài zuò de zhēn hǎochī!

🎧 10-08

你中国菜做得真好吃!

바꿔 말하기

Hánguó cài
❶ 韩国菜 한국요리

Fǎguó cài
❷ 法国菜 프랑스요리

해석 _____

B Shì ma? Nà jiù duō chī diǎn ba.

是吗? 那就多吃点吧。

해석 _____

3. **A** Chūntiān lái le, huā kāi le.

春天来了，花开了。

해석 _____

B Xiàtiān lái le, ▓▓▓▓▓▓▓ .

夏天来了，出汗。

해석 _____

4. **A** Qiūtiān lái le, qiū gāo qì shuǎng.

秋天来了，秋高气爽。

해석 _____

B Dōngtiān lái le, duī ▓▓▓▓▓ ba.

冬天来了，堆雪人吧。

해석 _____

1. 다음 병음에 알맞은 중국어를 써 보세요.

(1) qiānxū ▶ _____   (2) chūntiān ▶ _____

(3) chū hàn ▶ _____   (4) yóuyǒng ▶ _____

(5) liángkuai ▶ _____   (6) xuěrén ▶ _____

2. 서로 관련 있는 물음과 대답을 연결한 뒤 대화해 보세요.

Nǐ huì shuō Hànyǔ ma?
(1) 你会说汉语吗？

Nǐ Zhōngguó cài zuò de zhēn hǎochī!
(2) 你中国菜做得真好吃！

Chūntiān lái le.
(3) 春天来了。

Huā kāi le.
① 花开了。

Nà jiù duō chī diǎn ba.
② 那就多吃点吧。

Huì yìdiǎnr.
③ 会一点儿。

3. 제시어를 사용하여 대화를 완성해 보세요.

Nǐ Hànyǔ shuō de zhēn hǎo!
(1) A: 你汉语说得真好！

Méiyǒu méiyǒu, _____.
B: 没有没有，_____。(差)

_____.
A: _____。(谦虚)

Hánguó de chūntiān zěnmeyàng?
(2) A: 韩国的春天怎么样?

_____, hěn piàoliang.
B: _____, 很漂亮。(开)

4. 다음 단어를 순서에 맞게 배열해 보세요.

duō   ba   chī diǎnr   jiù   nà
(1) 多 / 吧 / 吃点儿 / 就 / 那

▶ _____

tā   zuò   zhēn   Hánguó cài   de   hǎochī
(2) 她 / 做 / 真 / 韩国菜 / 得 / 好吃

▶ _____

děi   tóngxuémen   nǔlì   xuéxí
(3) 得 / 同学们 / 努力 / 学习

▶ _____

5. 빈칸에 알맞은 단어를 써 보세요.

Nǐ (   ) shuō Hànyǔ ma?
(1) 你(   )说汉语吗?

Hánguó xuǎnshǒu (   ) le dì yī míng.
(2) 韩国选手(   )了第一名。

Hánguó yǒu chūn, (   ), qiū, dōng sì ge jìjié.
(3) 韩国有春、(   )、秋、冬四个季节。

중국의 기후는 어떨까요?

중국은 비교적 사계절이 뚜렷한 계절풍 기후지만, 국토가 넓어서 지역별로 다양한 기후대가 분포합니다. 남북의 기온차가 크기 때문에 북쪽 哈尔滨 Hā'ěrbīn 에서 얼음 조각 축제가 열릴 때, 남쪽의 海南 Hǎinán 에서는 해수욕을 즐길 수 있습니다. 또 昆明 Kūnmíng 은 사계절이 봄처럼 따뜻하여 봄의 도시로 불립니다. 반면, 武汉 Wǔhàn 은 중국에서 가장 더운 도시 중 하나입니다.

▲ 哈尔滨 하얼빈

▲ 海南 하이난

▲ 昆明 쿤밍

또 중국은 강수량의 차이도 커서 동쪽 양쯔강 하류에 홍수가 발생할 때, 서북쪽 내륙 지역에서는 가뭄이 생기기도 합니다. 따라서 중국의 날씨는 도시의 특징을 나타내는 정보가 되기도 합니다.

11 您要什么?

당신은 무엇을 원하십니까?

학습 내용

- 주문 받을 때 표현
  Nín yào shénme?
  您要什么?

- 가격을 묻는 표현
  Duōshao qián mǎi de?
  多少钱买的?

- 좋아하는 색을 묻는 표현
  Nǐ xǐhuan shénme yánsè?
  你喜欢什么颜色?

📋 이번 과에서 배울 내용 📋

다음 단어를 읽고, 뜻을 유추해 보세요.

❶

kělè
可乐

❷

shǒujī
手机

다음 문장을 읽고, 뜻을 유추해 보세요.

Nín yào shénme?
❶ 您要什么?

Zhè shì nǐ de shǒujī ma?
❷ 这是你的手机吗?

Nǐ xǐhuan shénme yánsè?
❸ 你喜欢什么颜色?

동민이가 햄버거를 주문하고 있습니다.

🎧 11-01

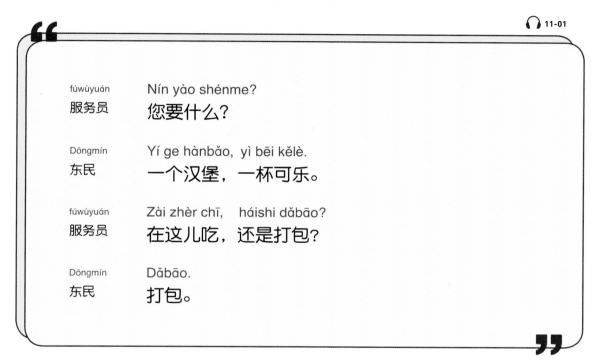

fúwùyuán 服务员	Nín yào shénme? 您要什么?
Dōngmín 东民	Yí ge hànbǎo, yì bēi kělè. 一个汉堡，一杯可乐。
fúwùyuán 服务员	Zài zhèr chī, háishi dǎbāo? 在这儿吃，还是打包？
Dōngmín 东民	Dǎbāo. 打包。

QUIZ! 동민이가 주문한 것은 무엇인가요?

새 단어

🎧 11-02 　服务员 명 fúwùyuán 종업원 ｜ 要 yào 동 요구하다, 원하다 조동 ~하려고 하다 ｜ 汉堡 hànbǎo 명 햄버거 ｜ 杯 bēi 양 잔 ｜ 可乐 kělè 명 콜라 ｜ 这儿 zhèr 대 여기, 이곳 ｜ 吃 chī 동 먹다 ｜ 还是 háishi 접 또는, 아니면 ｜ 打包 dǎbāo 동 포장하다

회화 2

미나가 동민의 휴대전화를 보고 물어봅니다.

🎧 11-03

Měinà 美娜	Zhè shì nǐ de shǒujī ma? 这是你的手机吗?
Dōngmín 东民	Duì, shì wǒ xīn mǎi de. 对，是我新买的。
Měinà 美娜	Duōshao qián mǎi de? 多少钱买的?
Dōngmín 东民	Wǔshí wàn hánbì. 五十万韩币。

QUIZ! 동민이의 휴대전화는 얼마인가요?

Tip

중국어 표현 중국어 외래어 만드는 법

중국어는 뜻 글자이기 때문에 중국인들은 외래어를 중국 고유의 형식으로 바꾸어 표현합니다.
주로 의미와 발음을 고려하거나, 이 둘을 모두 고려하는 방식으로 만듭니다.

[의미]	手机 shǒujī 휴대전화	电脑 diànnǎo 컴퓨터
[발음]	咖啡 kāfēi 커피	麦当劳 Màidāngláo 맥도날드
	肯德基 Kěndéjī KFC	香奈儿 Xiāngnài'ér 샤넬
[의미+발음]	可乐 kělè 콜라	星巴克 Xīngbākè 스타벅스

새 단어

🎧 11-04   手机 shǒujī 명 휴대전화 | 对 duì 형 맞다 | 新 xīn 형 새롭다 | 买 mǎi 동 사다 | 多少 duōshao 대 얼마 |

钱 qián 명 돈 | 万 wàn 수 만 | 韩币 hánbì 명 한국 화폐, 한국 돈

동민이가 미나에게 무슨 색 꽃을 좋아하냐고 물어봅니다.

🎧 11-05

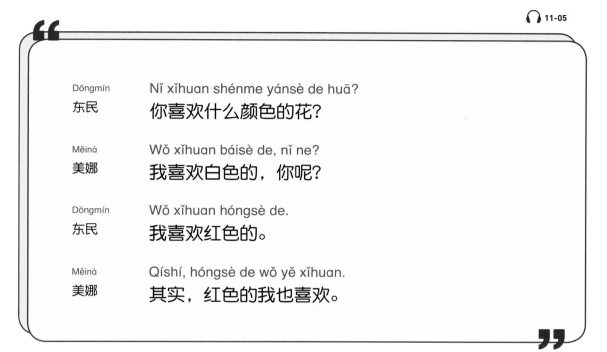

Dōngmín 东民	Nǐ xǐhuan shénme yánsè de huā? 你喜欢什么颜色的花?
Měinà 美娜	Wǒ xǐhuan báisè de, nǐ ne? 我喜欢白色的，你呢？
Dōngmín 东民	Wǒ xǐhuan hóngsè de. 我喜欢红色的。
Měinà 美娜	Qíshí, hóngsè de wǒ yě xǐhuan. 其实，红色的我也喜欢。

QUIZ! 동민이는 무슨 색 꽃을 좋아하나요?

새 단어

🎧 11-06　喜欢 xǐhuan 통 좋아하다 | 颜色 yánsè 명 색, 색깔 | 花 huā 명 꽃 | 白色 báisè 명 흰색 | 红色 hóngsè 명 빨강색 | 其实 qíshí 부 사실(은)

1. 要의 쓰임

要는 '~을 원하다', '요구하다'라는 뜻의 동사 용법과 '~하려고 하다', '~하기를 원하다', '~해야 한다'라는 뜻의 조동사 용법이 있습니다.

[동사]

예 你们要什么? Nǐmen yào shénme? 당신들은 무엇을 원하십니까?

我要这个，还要那个。 Wǒ yào zhè ge, hái yào nà ge. 저는 이것, 그리고 저것 주세요.

[조동사] 동사를 도와주는 역할을 하며, 일반적으로 술어 앞에 위치합니다.

예 我们要吃烤鸭。 Wǒmen yào chī kǎoyā. 우리는 오리구이를 먹고 싶습니다.

我要去中国留学。 Wǒ yào qù Zhōngguó liúxué. 저는 중국에 유학을 가려고 합니다.

你要认真学习。 Nǐ yào rènzhēn xuéxí. 당신은 열심히 공부해야 합니다.

> ✏ 빈칸에 알맞은 단어를 써 보세요.
>
> A: 你们(　　)吃什么? Nǐmen (　　　　) chī shénme? 당신들은 뭐 먹을 거예요?
>
> B: 我们要吃(　　)。 Wǒmen yào chī (　　　　). 우리는 오리구이 먹고 싶어요.

2. 양사

양사는 명사를 세는 단위로, 중국어는 양사가 매우 발달하여 각 명사마다 전문 양사가 있습니다.

예 一杯可乐 yì bēi kělè 콜라 한 잔　　　　两只老虎 liǎng zhī lǎohǔ 호랑이 두 마리

三本书 sān běn shū 책 세 권　　　　四口人 sì kǒu rén 사람 네 명

> ✏ 빈칸에 알맞은 양사를 써 보세요.
>
> (1) 一(　　)可乐 yì (　　　　) kělè　　　　(2) 两(　　)老虎 liǎng (　　　　) lǎohǔ

3. 조사 的

的는 소유를 나타내는 용법과 수식을 담당하는 관형어적 용법, '是~的' 구문처럼 강조를 나타내는 용법, '~것', '~하는 사람' 처럼 명사화 용법이 있습니다.

[~의] 예 昨天我的手机丢了。Zuótiān wǒ de shǒujī diū le. 어제 나의 휴대전화를 잃어버렸어요.

[수식] 예 她穿了很漂亮的衣服。Tā chuān le hěn piàoliang de yīfu.
　　　　　 그녀는 매우 예쁜 옷을 입었어요.

[강조] 예 她是从北京来的。Tā shì cóng Běijīng lái de. 그녀는 베이징에서 왔어요.

[~것] 예 这本书，是不是你的? Zhè běn shū, shì bu shì nǐ de? 이 책, 당신 것이에요?

[~하는 사람] 예 她是教书的。Tā shì jiāo shū de. 그녀는 가르치는 사람이에요.

> ✎ 빈칸에 알맞은 단어를 써 보세요.
>
> (1) 昨天我(　　　)钱包丢了。Zuótiān wǒ (　　　) de qiánbāo diū le.
> 　　 어제 나의 지갑을 잃어버렸어요.
>
> (2) 他(　　)从上海来(　　)。Tā (　　　) cóng Shànghǎi lái (　　　).
> 　　 그는 상하이에서 왔어요.

4. 색깔을 나타내는 단어

예 红色 hóngsè 붉은색　　　　　　黄色 huángsè 노란색
　 绿色 lǜsè 녹색　　　　　　　　蓝色 lánsè 파란색
　 黑色 hēisè 검은색　　　　　　　粉红色 fěnhóngsè 분홍색

> ✎ 빈칸에 알맞은 중국어를 써 보세요.
>
> (1) 노란색　(　　　　　　　　)　　　(2) 파란색　(　　　　　　　　)

주요 회화
복습하기

중국어를 따라 쓰며, 빈칸에 한어병음을 쓰고 문장을 해석하세요.

1. **A** Nín yào shénme?

您要什么?

해석 _____

B Wǒ yào yí ge _____ .

我要一个汉堡。

해석 _____

바꿔 말하기

bēi　　kělè
① 杯 잔 / 可乐 콜라
zhī　　kǎoyā
② 只 마리 / 烤鸭 오리구이

2. **A** Zài zhèr chī, háishi _____ ?

在这儿吃, 还是打包?

해석 _____

B Zài zhèr chī.

在这儿吃。

해석 _____

138　이지 중국어

3.

A Zhè shì nǐ de shǒujī ma?

这是你的手机吗?

바꿔 말하기
shūbāo
❶ 书包 책가방
yīfu
❷ 衣服 옷

해석 _____

B Duì, shì wǒ xīn mǎi de.

对, 是我新买的。

해석 _____

4.

A Nǐ xǐhuan shénme _____ de huā?

你喜欢什么颜色的花?

바꿔 말하기
shǒujī
❶ 手机 휴대전화
màozi
❷ 帽子 모자

해석 _____

B Wǒ xǐhuan _____ de.

我喜欢白色的。

바꿔 말하기
hóngsè
❶ 红色 붉은색
huángsè
❷ 黄色 노란색

해석 _____

1. 다음 병음에 알맞은 중국어를 써 보세요.

(1) shǒujī ▶ ＿＿＿＿＿＿

(2) xǐhuan ▶ ＿＿＿＿＿

(3) yánsè ▶ ＿＿＿＿＿

(4) qíshí ▶ ＿＿＿＿＿

(5) kāfēi ▶ ＿＿＿＿＿

(6) fúwùyuán ▶ ＿＿＿＿＿

2. 제시어를 사용하여 대화를 완성해 보세요.

Nín yào shénme?
(1) A: 您要什么?

＿＿＿＿＿＿＿＿＿＿.

B: ＿＿＿＿＿＿＿＿＿。(要)

＿＿＿＿＿＿＿＿＿?
(2) A: ＿＿＿＿＿＿＿＿＿? (手机)

Duì, shì wǒ xīn mǎi de.
B: 对，是我新买的。

Zài zhèr chī, ＿＿＿＿＿＿?
(3) A: 在这儿吃，＿＿＿＿＿? (还是)

Dǎbāo.
B: 打包。

3. 다음 단어를 순서에 맞게 배열해 보세요.

qíshí　　xǐhuan　　hónsè　　wǒ　　yě
(1) 其实 / 喜欢 / 红色 / 我 / 也

▶ _____

Wǒ　　jiāo shū　　shì　　de　　māma
(2) 我 / 教书 / 是 / 的 / 妈妈

▶ _____

yì bēi　　tā　　mǎi　　yào　　kělè
(3) 一杯 / 他 / 买 / 要 / 可乐

▶ _____

4. 강조를 나타내는 '是~的' 구문을 활용하여 중국어로 써 보세요.

(1) 이 책, 당신 것이에요?

▶ _____

(2) 그녀는 베이징에서 왔어요.

▶ _____

중국인의 색깔 문화

붉은색: 행운, 복, 성공

중국인들이 가장 좋아하는 색은 붉은색입니다. 붉은색은 행운과 복, 그리고 성공을 의미하기 때문입니다. 특히 결혼식 때는 의상을 비롯해 장식도 모두 붉은색입니다. 뿐만 아니라 축의금 봉투인 '홍빠오(红包 hóngbāo)' 역시 붉은색이며, 홍빠오는 세뱃돈 봉투로도 씁니다.

황금색: 부유 또는 음란함

중국 왕들은 주로 황금색 옷을 입었습니다. 때문에 황금색은 황제를 뜻합니다. 또한 부유함을 상징하기도 합니다. 하지만 시간이 흐른 요즘에는 황금색이나 노란색은 선정적이고 음란함을 상징하는 색으로 여겨져 성인 영화나 소설을 의미하기도 합니다.

녹색: 부정, 불륜

중국 원나라 시대에 매춘부의 남편이나 가족들은 녹색 모자를 썼습니다. 이때부터 중국인들은 녹색을 '부정과 불륜'을 뜻하는 색으로 여겼습니다. 그래서 '남자가 녹색
모자를 썼다'라는 표현은 '부인이 바람났다'라는 뜻으로 쓰기도 합니다.

12 明天我过生日。

내일은 내 생일이야.

학습 내용

- 생일에 관한 표현

  Míngtiān wǒ guò shēngrì.
  明天我过生日。

- 전화번호를 묻는 표현

  Nǐ de diànhuà hàomǎ shì duōshao?
  你的电话号码是多少?

- 존재의 출현을 나타내는 표현

  Nǎinai lái le!
  奶奶来了！

📋 이번 과에서 배울 내용 📋

다음 단어를 읽고, 뜻을 유추해 보세요.

❶

lǐwù
礼物

❷

nǎinai
奶奶

다음 문장을 읽고, 뜻을 유추해 보세요.

Nǐ xǐhuan shénme lǐwù?
❶ 你喜欢什么礼物?

Nǐ de diànhuà hàomǎ shì duōshao?
❷ 你的电话号码是多少?

Zhè shì wǒ xiǎng mǎi de!
❸ 这是我想买的!

동민이가 미나를 생일에 초대합니다.

🎧 12-01

Dōngmín 东民	Míngtiān wǒ guò shēngrì, nǐ yào lái ma? 明天我过生日，你要来吗？
Měinà 美娜	Dāngrán! Nǐ xǐhuan shénme lǐwù? 当然！你喜欢什么礼物？
Dōngmín 东民	Búyòng mǎi lǐwù, rén lái jiù xíng. 不用买礼物，人来就行。
Měinà 美娜	Nà zěnme néng xíng? 那怎么能行？

QUIZ! 내일은 무슨 날인가요?

새 단어

🎧 12-02

明天 míngtiān 몡 내일 | 过 guò 동 지내다, 보내다 | 生日 shēngrì 몡 생일 | 当然 dāngrán 혱 당연하다 |

礼物 lǐwù 몡 선물 | 怎么 zěnme 때 어떻게 | 能 néng 조동 ~할 수 있다 | 行 xíng 동 ~해도 되다, 괜찮다

동민이가 미나에게 전화번호를 물어봅니다.

🎧 12-03

Dōngmín
东民
Nǐ de diànhuà hàomǎ shì duōshao?
你的电话号码是多少?

Měinà
美娜
Shì líng yāo líng èr sān sì wǔ liù qī bā bā, nǐ cún yíxià ba.
是01023456788，你存一下吧。

Dōngmín
东民
Hǎo de, wǒ de nǐ yě cún yíxià ba.
好的，我的你也存一下吧。

Měinà
美娜
Méi wèntí, yǐhòu cháng liánxì ba!
没问题，以后常联系吧!

QUIZ! 동민과 미나는 서로 전화번호를 저장하나요?

새 단어

🎧 12-04

电话号码 diànhuà hàomǎ 명 전화번호 | 存 cún 통 저장하다 | 一下 yíxià 양 한번 ~하다, 좀 ~하다 | 问题 wèntí 명 문제 | 常 cháng 부 늘, 자주, 언제나 | 联系 liánxì 통 연락하다

할머니가 동민이에게 선물을 줍니다.

🎧 12-05

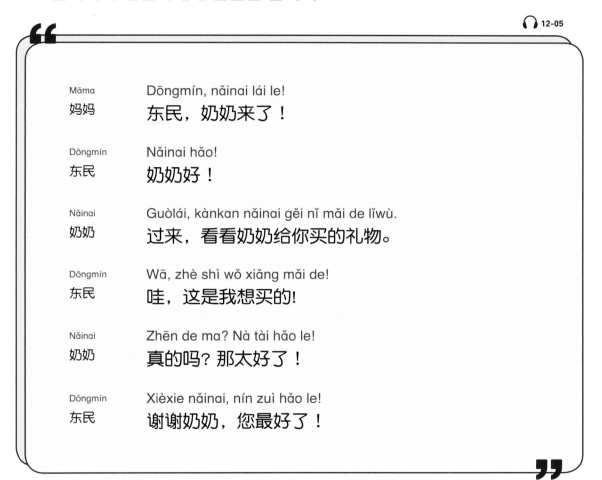

Māma 妈妈	Dōngmín, nǎinai lái le! 东民，奶奶来了！	
Dōngmín 东民	Nǎinai hǎo! 奶奶好！	
Nǎinai 奶奶	Guòlái, kànkan nǎinai gěi nǐ mǎi de lǐwù. 过来，看看奶奶给你买的礼物。	
Dōngmín 东民	Wā, zhè shì wǒ xiǎng mǎi de! 哇，这是我想买的!	
Nǎinai 奶奶	Zhēn de ma? Nà tài hǎo le! 真的吗? 那太好了！	
Dōngmín 东民	Xièxie nǎinai, nín zuì hǎo le! 谢谢奶奶，您最好了！	

QUIZ! 할머니가 어떤 선물을 사오셨나요?

새 단어

🎧 12-06 奶奶 nǎinai 몡 할머니 ｜ 过来 guòlái 통 오다 ｜ 给 gěi 통 주다 깨 ~에게 ｜ 想 xiǎng 조동 ~하고 싶다 ｜

真的 zhēn de 부 참으로, 진실로 ｜ 最 zuì 부 가장, 제일

1. 조동사 能

조동사 能은 주로 상황이나 조건이 가능해서 '~할 수 있다'라는 뜻으로, 능력을 나타냅니다. 会는 배워서 할 수 있음을 나타냅니다.

(1) 어떤 능력을 가지고 있거나 원래 있었던 능력이 회복된 것의 '~할 수 있다'

> 예 你能吃中国菜吗？ Nǐ néng chī Zhōngguó cài ma? 당신은 중국요리를 먹을 수 있어요?
>
> 你会做中国菜吗？ Nǐ huì zuò Zhōngguó cài ma? 당신은 중국요리를 만들 수 있어요?
>
> 他现在能走路。 Tā xiànzài néng zǒu lù. 그는 (다 나아서) 이제 걸을 수 있어요.
>
> 他现在会走路。 Tā xiànzài huì zǒu lù. 그는 (아기였는데) 이제 걸을 수 있어요.
>
> 我现在能游两百米。 Wǒ xiànzài néng yóu liǎng bǎi mǐ.
> 나는 이제 200미터를 수영할 수 있어요.
>
> 我现在会游泳。 Wǒ xiànzài huì yóuyǒng. 나는 이제 수영할 수 있어요.

(2) 가능성을 나타내는 '~할 수 있다', '~할 것 같다'

> 예 我们六点能到火车站。 Wǒmen liù diǎn néng dào huǒchēzhàn.
> 우리는 6시에는 기차역에 도착할 수 있어요.
>
> 我们六点会到火车站。 Wǒmen liù diǎn huì dào huǒchēzhàn.
> 우리는 6시에 기차역에 도착할것 같아요.

✏️ 빈칸에 알맞은 단어를 써 보세요.

(1) 我现在(　)游两百米。 Wǒ xiànzài (　　　) yóu liǎng bǎi mǐ.
나는 이제 200미터를 수영할 수 있어요.

(2) 我们六点(　)到火车站。 Wǒmen liù diǎn (　　　) dào huǒchēzhàn.
우리는 6시에 기차역에 도착할 거예요.

2. 동량사 一下

一下는 '좀 ~하다', '한번 ~하다'라는 뜻으로, 동사 뒤에 쓰여 어떠한 행동이 일시적임을 표현합니다. 동작의 양을 나타내는 동량사처럼 쓰입니다.

> 예 请问一下! Qǐng wèn yíxià! 좀 물어볼게요!
>
> 看一下这张照片。Kàn yíxià zhè zhāng zhàopiàn. 이 사진 좀 보세요.
>
> 我试一下这件衣服。Wǒ shì yíxià zhè jiàn yīfu. 내가 이 옷 좀 입어 볼게요.

✎ 빈칸에 알맞은 단어를 써 보세요.

(1) 你也存(　　)吧。Nǐ yě cún (　　　　) ba. 당신도 저장 좀 하세요.

(2) 我再试(　　)。Wǒ zài shì (　　　　). 내가 다시 한번 해 볼게요.

3. 존재의 출현을 나타내는 표현

来를 사용하여 존재의 출현을 나타낼 수 있습니다.

> 예 奶奶来了！Nǎinai lái le! 할머니 오셨어요!
>
> 客人来了。Kèrén lái le. 손님 오셨어요.
>
> 家里来了一位客人。Jiā lǐ lái le yí wèi kèrén. 집에 손님 한 분이 오셨어요.
>
> 我们班来了一个新同学。Wǒmen bān lái le yí ge xīn tóngxué.
> 우리 반에 새 학우 한 명이 왔어요.

✎ 빈칸에 알맞은 단어를 써 보세요.

(1) 客人(　　)了。Kèrén (　　　　) le. 손님이 오셨어요.

(2) 我们班(　　)了一个新同学。Wǒmen bān (　　　　) le yí ge xīn tóngxué.
우리 반에 새 학우 한 명이 왔어요.

중국어를 따라 쓰며, 빈칸에 한어병음을 쓰고 문장을 해석하세요.

1. A Míngtiān wǒ guò _____, nǐ yào lái ma?

🎧 12-07

明天我过生日，你要来吗？

해석 _____

B _____ !

当然！

해석 _____

2. A Nǐ xǐhuan shénme _____ ?

🎧 12-08

你喜欢什么礼物？

해석 _____

B Búyòng mǎi lǐwù, rén lái jiù xíng.

不用买礼物，人来就行。

해석 _____

바꿔 말하기

dài
❶ 带 지니다

gěi
❷ 给 주다

3. **A** Nǐ de diànhuà ▬▬▬ shì duōshao?

你的电话号码是多少？

해석 _____

B Shì líng yāo líng èr sān sì wǔ liù qī bā bā, nǐ cún ▬▬▬ ba.

是01023456788，你存一下吧。

해석 _____

4. **A** Kànkan nǎinai gěi nǐ mǎi de lǐwù.

看看奶奶给你买的礼物。

바꿔 말하기

sòng
❶ 送 보내다

jì
❷ 寄 부치다

해석 _____

B Wā, zhè shì wǒ xiǎng mǎi de!

哇，这是我想买的！

해석 _____

1. 다음 병음에 알맞은 중국어를 써 보세요.

(1) cún ▶ _____   (2) hàomǎ ▶ _____

(3) lǐwù ▶ _____   (4) liánxì ▶ _____

(5) nǎinai ▶ _____   (6) wèntí ▶ _____

2. 제시어를 사용하여 대화를 완성해 보세요.

Xià ge xīngqītiān wǒ guò shēngrì, _____?

(1) A: 下个星期天我过生日，_____？（能）

Dāngrán!

B: 当然！

_____?

(2) A: _____？（礼物）

Búyòng mǎi lǐwù, rén lái jiù xíng.

B: 不用买礼物，人来就行。

Zhè shì wǒ de shǒujī hàomǎ, nǐ cún yíxià ba.

(3) A: 这是我的手机号码，你存一下吧。

Méi wèntí, _____.

B: 没问题，_____。（联系）

3. 다음 단어를 순서에 맞게 배열해 보세요.

```
    diànhuà     nǐ     de    duōshao   hàomǎ    shì
(1) 电话  /  你  /  的  /  多少  /  号码  /  是
```

▶ _____

```
    wǒ     zhè    mǎi de    xiǎng    shì
(2) 我  /  这  /  买的  /  想  /  是
```

▶ _____

```
    wǒ     yóu    xiànzài    néng   liǎng bǎi mǐ
(3) 我  /  游  /  现在  /  能  /  两百米
```

▶ _____

4. 다음 네 문장이 자연스런 대화가 되도록 순서를 써 보세요.

Shì líng yāo líng èr sān sì wǔ liù qī bā bā, nǐ cún yíxià ba.
(1) 是01023456788，你存一下吧。　　　（　）

Méi wèntí, yǐhòu cháng liánxì ba.
(2) 没问题，以后常联系吧。　　　（　）

Nǐ de diànhuà hàomǎ shì duōshao?
(3) 你的电话号码是多少？　　　（　）

Hǎo de, wǒ de nǐ yě cún yíxià ba.
(4) 好的，我的你也存一下吧。　　　（　）

중국의 명절

설날: 춘절

- 중국의 설날은 음력 1월 1일로, 春节 Chūnjié 라고
  부릅니다.
- 세뱃돈을 붉은 색 봉투인 红包 hóngbāo 에 넣어
  줍니다.

- 春联 chūnlián: 우리나라에서 입춘을 맞이하여 붙이는 '입춘대길'과 같
  이 귀신을 좇는 신의 이름이나 상을 그려 복을 기원하는 풍습이며,
  복(福)자를 써서 거꾸로 붙이기도 합니다.
- 剪纸 jiǎnzhǐ: 붉은색, 녹색, 황색 등의 종이로 여러
  가지 상서로운 모양을 오려서 만들고 창이나 문에
  붙이는 종이 공예입니다.

추석: 중추절

- 중국의 추석은 음력 8월 15일로, 中秋节 Zhōngqiūjié 라고 부릅니다.
- 가족 친지들이 모여 月饼 yuèbǐng 을 먹고, 달을 감상하여 소원을 빕니다.
- 월병은 본래 둥근 보름달을 닮아 화합과 단결을
  상징하는데, 요즘에는 각이 부드럽게 다듬어진
  정사각형도 있습니다.

해석

1과 회화1

동민	안녕!
미나	좋은 아침이야!
선생님	얘들아 안녕!
학생들	선생님 안녕하세요!

회화2

선생님	잘 가!
학생들	선생님 안녕히 가세요!
미나	잘 가!
동민	내일 봐!

회화3

동민	감사합니다!
선생님	천만에!
동민	죄송해요.
선생님	괜찮아.

2과 회화1

동민	오랜만이에요! 잘 지내셨죠?
지현	나는 잘 지내. 너는?
동민	저도 잘 지내요, 감사합니다!
지현	천만에.

회화2

지현	너희 아버지 어머니는 잘 계시니?
동민	잘 지내세요.
지현	네 형이랑 누나는?
동민	그들도 모두 잘 지내요.

회화3

동민	바쁘세요?
지현	많이 바빠, 너는?
동민	저는 안 바빠요, 피곤하시죠?
지현	많이 피곤해.

3과 회화1

선생님	너는 이름이 뭐니?
왕웨이	제 성은 왕이고요, 왕웨이라고 부릅니다.
	성이 어떻게 되세요?
선생님	나는 리 씨야.
왕웨이	리 선생님 안녕하세요!

회화2

동민	어떻게 불러야 할까요?
선생님	나는 성이 리 씨니까, 리 선생님이라고 부르면 돼.
동민	리 선생님, 안녕하세요!
선생님	안녕!

회화3

왕웨이	그녀는 누구야?
미나	리 선생님이야, 우리에게 중국어 수업을 가르치셔.
왕웨이	중국어 배우기 어렵니?
미나	조금도 어렵지 않아, 매우 재미있어.

4과 회화1

미나	너희 집은 몇 식구야?
왕웨이	우리 집은 네 식구야.
미나	모두 누가 있어?
왕웨이	아빠, 엄마, 누나 그리고 나.

회화2

동민	너는 형제자매가 있어?
미나	없어, 나는 외동딸이야, 너는?
동민	나는 형 한 명 있어.
미나	정말 부럽다.

회화3

리밍	당신은 어느 나라 사람이에요?
미나	저는 한국 사람이에요, 당신은?
리밍	저는 중국 사람이에요.
미나	제 친구도 중국 사람이에요.
리밍	당신 친구는 일본 사람 아니에요?
미나	아니에요, 그는 중국 사람이에요.

5과 회화1

선생님   너는 올해 몇 살이니?
동민   스물이요. 선생님은 올해 연세가 어떻게 되세요?
선생님   나는 마흔이야.
동민   정말 마흔같지 않으세요.

회화2

동민   선생님은 아이가 있으세요?
선생님   있지, 딸이 하나 있어.
동민   딸은 몇 살이에요?
선생님   올해 다섯 살이야.

회화3

여러분 안녕하세요, 여러분들을 알게 되어 매우 기뻐요.
제 소개 좀 할게요, 저는 한국 유학생 김동민입니다.
저는 중국에서 중국어를 공부하고 있어요, 중국어는 정말
재미있어요.
이분은 우리 선생님이세요, 매우 아름다우세요.
얘는 제 친구 미나예요, 매우 귀여워요.
여기는 저예요, 매우 멋있지요?

6과 회화1

동민   지금 몇 시야?
미나   3시 5분 전이야.(2시 55분이야.)
동민   너 3시에 수업 있어?
미나   오늘 오후에 수업 없어.

회화2

동민   네 생일은 몇 월 며칠이야?
미나   5월 4일이야.
동민   5월 4일이 무슨 요일이지?
미나   토요일이야.

회화3

왕웨이   너희 반에 몇 명의 남학생이 있어?
미나   15명이야.
왕웨이   여학생은 몇 명 있어?
미나   여학생은 남학생보다 두 명 많아.
왕웨이   너는 키가 몇이야?
미나   나는 1미터 65야.

7과 회화1

동민   아! 나 영어책 안 가져왔어!
미나   괜찮아, 내가 갖고 왔어.
동민   그럼 같이 볼까?
미나   좋아.

회화2

동민   내 중국어 책은?
미나   탁자 위에 없어?
동민   없어, 내가 한참 동안 찾았어.
미나   진짜 이상하네.

회화3

미나   침대 위에 그거 아냐?
동민   아니야, 그건 영어책이야.
미나   봐봐, 바닥 위에 있잖아!
동민   맞네, 바로 이 책이야.

8과 회화1

리밍   엘리베이터가 왔네!
미나   기다려요!
리밍   몇 층 가세요?
미나   5층이요, 고마워요!

회화2

미나   말씀 좀 물을게요, 학교 안에 우체국이 있나요?
리밍   있어요, 앞으로 100미터 걸어가면 바로예요.
미나   ATM기는요?
리밍   우체국 옆에 바로 있어요.

회화3

미나   말씀 좀 묻겠습니다, 지하철 역은 어떻게 가나요?
행인1   죄송해요, 저는 잘 몰라요.
행인2   제가 알아요, 저를 따라 오세요.
미나   감사합니다!

9과 회화1

리밍	무슨 일 하세요?
미나	저는 아직 일 안 해요, 저는 학생이에요.
리밍	그럼 이후에 무슨 일하고 싶으세요?
미나	저는 선생님이 되고 싶어요.

회화2

왕웨이	당신은 어디서 일하세요?
지현	저는 학교에서 조교로 일하고 있어요, 당신은요?
왕웨이	저는 회사에서 일해요.
지현	저도 이후에 회사에서 일하고 싶어요.

회화3

동민	운동선수가 되고 싶어요!
지현	저는 스티브 잡스처럼 기업가가 되고 싶어요.
왕웨이	저는 대단한 음악가가 되고 싶어요.
리밍	저는 사회자가 되고 싶어요, 저는 저의 프로그램에 당신들을 초대하고 싶네요.

10과 회화1

리밍	당신은 중국어 말 할 수 있어요?
지현	조금요.
리밍	당신 굉장히 겸손하시네요.
지현	아니에요 아니에요, 아직 멀었는걸요.

회화2

미나	네가 만든 중국요리 정말 맛있다!
리밍	그래? 그럼 많이 먹어.
미나	그래, 고마워.
리밍	별말씀을.

회화3

미나	봄이 왔어요. 꽃이 펴요.
동민	여름이 왔어요. 땀이 나요.
지현	가을이 왔어요. 가을 하늘은 높고 공기는 상쾌해요.
리밍	겨울이 왔어요. 눈사람을 만들어요.

11과 회화1

종업원	뭐 드릴까요?
동민	햄버거 한 개, 콜라 한 잔 주세요.
종업원	여기서 드세요, 아니면 포장이요?
동민	포장이요.

회화2

미나	이거 네 휴대전화야?
동민	응, 새로 샀어.
미나	얼마에 샀어?
동민	한국 돈으로 50만원.

회화3

동민	너는 무슨 색깔 꽃을 좋아해?
미나	나는 흰색 꽃을 좋아해, 너는?
동민	나는 빨간색 꽃을 좋아해.
미나	사실은 빨간색 꽃을 나도 좋아해.

12과 회화1

동민	내일이 내 생일인데, 너 올래?
미나	당연하지! 너 무슨 선물 좋아해?
동민	선물 살 필요 없어, 네가 오면 돼.
미나	그게 어떻게 그렇게 돼.

회화2

동민	네 전화번호 뭐야?
미나	01023456788이야, 저장해 둬.
동민	좋아, 너도 내 것 저장해 둬.
미나	문제없어, 이후에 종종 연락하자!

회화3

엄마	동민아, 할머니 오셨어!
동민	할머니 안녕하세요!
할머니	이리 와 봐, 할머니가 너 주려고 산 선물 좀 보렴.
동민	와, 이건 제가 사고 싶던 거예요!
할머니	정말이냐? 그럼 정말 잘됐구나!
동민	할머니 감사해요, 할머니가 최고예요!

1과 이번 과에서 배울 내용

단어 ❶ 선생님 ❷ 감사합니다
문장 ❶ 안녕(하세요)! ❷ 내일 봐! ❸ 미안해.

회화1 [QUIZ!] 老师好!
회화2 [QUIZ!] 明天见!
회화3 [QUIZ!] 谢谢!

표현 익히기

1. 大家 Dàjiā
2. 晚上 Wǎnshang
3. (1) zǎoshang　　(2) 上午　　(3) 점심, 정오
　　(4) xiàwǔ　　(5) 晚上
4. 你们 Nǐmen

주요 회화 복습하기

1. zǎoshang
　　Ⓐ 안녕!　Ⓑ 좋은 아침!
2. míngtiān
　　Ⓐ 잘 가!　Ⓑ 내일 봐!
3. Ⓐ 고마워!　Ⓑ 별말씀을!
4. guānxi
　　Ⓐ 미안해.　Ⓑ 괜찮아.

실력 다지기

1. (1) nǐ 你　　　　　(2) nǐmen 你们
　　(3) wǒ 我　　　　(4) wǒmen 我们
　　(5) zánmen 咱们
2. (1) ②　　(2) ③　　(3) ①　　(4) ④
3. (1) 早上好!　(2) 下午好!　(3) 晚上好!
4. (1) Nǐmen hǎo! 你们好!
　　(2) Lǎoshī zàijiàn! 老师再见!
　　(3) Búkèqi. 不客气。
　　(4) Míngtiān jiàn! 明天见!

2과 이번 과에서 배울 내용

단어 ❶ 아버지 ❷ 피곤하다
문장 ❶ 오랜만이야!
　　　 ❷ 너희 아버지 어머니는 잘 계시니?
　　　 ❸ 너는 바쁘니?

회화1 [QUIZ!] 好久不见!
회화2 [QUIZ!] 他们也都很好。
회화3 [QUIZ!] 她很忙，她很累。(매우 바쁘고 피곤하다.)

표현 익히기

3. (1) wǒ　　(2) 你们　　(3) 그　　(4) tāmen

주요 회화 복습하기

1. hěn
　　Ⓐ 오랜만이야! 잘 지내?　Ⓑ 나는 잘 지내.
2. yòng
　　Ⓐ 나도 잘 지내, 고마워!　Ⓑ 별말씀을!
3. Ⓐ 네 아버지 어머니는 잘 계셔?
　　Ⓑ 아버지 어머니 잘 계세요.
4. lèi, lèi
　　Ⓐ 너는 피곤하니?　Ⓑ 나는 매우 피곤해.

실력 다지기

1. (1) gēge 哥哥　　(2) dìdi 弟弟　　(3) jiějie 姐姐
　　(4) nǎinai 奶奶　　(5) bàba 爸爸　　(6) māma 妈妈
2. 他们也都很好。
3. (1) ma 吗　　　　　　(2) ne 呢
4. (1) Nǐ hǎo ma? / Nǐ ne? 你好吗? / 你呢?
　　(2) Nǐ bàba māma hǎo ma? 你爸爸妈妈好吗?
　　(3) Wǒ hěn máng. 我很忙。
　　(4) Wǒ bú è. 我不饿。

3과 이번 과에서 배울 내용

단어 ❶ (~라고) 부르다 ❷ 중국어
문장 ❶ 너는 이름이 뭐야? ❷ 당신을 어떻게 부를까요?
　　　 ❸ 그녀는 누구야?

회화1 [QUIZ!] 你叫什么名字?
회화2 [QUIZ!] 李老师
회화3 [QUIZ!] 非常有意思。(매우 재미있다.)

표현 익히기

1. 叫 jiào
2. 怎么 zěnme
3. 谁 shéi
4. 难不难? nán bu nán?

주요 회화 복습하기

1. Wáng
　　Ⓐ 너는 이름이 뭐야?
　　Ⓑ 나는 성은 왕이고, 왕웨이라고 불러.
2. jiào, xíng
　　Ⓐ 제가 어떻게 부를까요?
　　Ⓑ 나는 리 씨야, 리 선생님이라고 부르면 돼.
3. Lǐ lǎoshī
　　Ⓐ 그녀는 누구야?
　　Ⓑ 그녀는 리 선생님이야.
4. nán bu nán, yǒu yìsi

Ⓐ 중국어 배우기 어렵니?
Ⓑ 조금도 어렵지 않아, 매우 재미있어.

실력 다지기

1. (1) 名字　　(2) 老师　　(3) 称呼
   (4) 非常　　(5) 一点儿　　(6) 有意思
2. (1) ③　　(2) ①　　(3) ②　　(4) ④
3. (1) Nǐ jiào shénme míngzi? 你叫什么名字?
   (2) Nǐ guì xìng? 你贵姓?
   (3) Nǐ zěnme chēnghu? 你怎么称呼?
4. (1) 예) Wáng 王, Wěi 伟
   (2) 예) Lǐ 李, Hànyǔ 汉语
   (3) 예) fēicháng yǒu yìsi 非常有意思

4과 이번 과에서 배울 내용

단어 ❶ 가족　❷ 형제자매
문장 ❶ 너희 집은 식구가 몇 명이야?
　　 ❷ 아빠, 엄마, 누나 그리고 나야.
　　 ❸ 나는 한국인이야.

회화1 QUIZ! 四个人(4명)
회화2 QUIZ! 没有(없어요)
회화3 QUIZ! 中国人(중국인)

표현 익히기

1. ③
2. (1) 本 běn　　(2) 杯 bēi　　(3) 个 ge
3. 哪国 nǎ guó, 人 rén

주요 회화 복습하기

1. jǐ
   Ⓐ 너희 집은 식구가 몇 명이야?
   Ⓑ 우리 집은 네 식구야.
2. jiějie
   Ⓐ 모두 누가 있어?
   Ⓑ 아빠, 엄마, 누나 그리고 나.
3. dúshēngnǚ
   Ⓐ 너는 형제자매가 있어?
   Ⓑ 없어, 나는 외동딸이야.
4. nǎ
   Ⓐ 당신은 어느 나라 사람이에요?
   Ⓑ 저는 한국 사람이에요.

실력 다지기

1. (1) 韩国人　　(2) 中国人　　(3) 兄弟姐妹
   (4) 独生女　　(5) 羡慕　　(6) 日本人
2. (1) ①　　(2) ③　　(3) ②

3. (1) Zhōngguórén 中国人,
   　　 tā shì Rìběnrén 他是日本人
   (2) māma hé wǒ 妈妈和我
   (3) dúshēngnǚ 独生女, wǒ yǒu gēge 我有哥哥
4. (1) 你家有几口人?　　(2) 我有三个哥哥。
5. (1) 예) Dōngmín 东民, Hánguó 韩国
   (2) 예) sān kǒu rén 三口人

5과 이번 과에서 배울 내용

단어 ❶ 아이, 자녀　❷ 예쁘다
문장 ❶ 너는 올해 몇 살이야?　❷ 나는 딸이 하나 있어.
　　 ❸ 제가 소개 좀 할게요.

회화1 QUIZ! 二十岁(20살)
회화2 QUIZ! 一个女儿(딸 한 명)
회화3 QUIZ! 很可爱(매우 귀엽다)

표현 익히기

1. 今年 jīnnián
2. 多 duō
3. (1) 几 jǐ　　　　　(2) 多 duō

주요 회화 복습하기

1. Ⓐ 너는 올해 몇 살이야?　Ⓑ 저는 스물입니다.
2. niánjì
   Ⓐ 올해 연세가 어떻게 되세요?
   Ⓑ 나는 마흔이야.
3. Ⓐ 아이가 있으세요?　Ⓑ 있지, 딸이 한 명 있어.
4. shéi, piàoliang
   Ⓐ 이분은 누구예요?
   Ⓑ 이분은 우리 선생님이에요, 매우 아름다우세요.

실력 다지기

1. (1) 孩子　　(2) 高兴　　(3) 介绍
   (4) 帅　　(5) 女儿　　(6) 认识
2. (1) ①　　(2) ③　　(3) ②
3. (1) 我有一个女儿。　　(2) 她今年五岁。
   (3) 我在中国学习汉语。
4. (1) jǐ suì 几岁　　(2) bú xiàng 不像

6과 이번 과에서 배울 내용

단어 ❶ 생일　❷ 3시
문장 ❶ 지금 몇 시야?　❷ 네 생일은 몇 월 며칠이야?
　　 ❸ 너희 반에 몇 명의 남학생이 있어?

회화1 QUIZ! 没有课(수업이 없다)
회화2 QUIZ! 五月四号(5월 4일이다)
회화3 QUIZ! 十七个(17명)

표현 익히기

1. 예) 现在八点。
2. (1) 예) 今天星期三。
   (2) 예) 下星期五我没有课。
3. 比 bǐ, 大 dà

주요 회화 복습하기

1. A 지금 몇 시야? B 2시 55분이야.
2. xiàwǔ, kè
   A 너는 3시에 수업 있어?
   B 오늘 오후에 수업 없어.
3. A 네 생일은 몇 월 며칠이야? B 5월 4일이야.
4. duōshao, bǐ
   A 너희 반에 몇 명의 남학생이 있어?
   B 15명, 여학생이 남학생보다 두 명 많아.

실력 다지기

1. (1) 现在   (2) xīngqī   (3) qiántiān
   (4) 后天   (5) 生日   (6) zhōngwǔ
2. (1) 上(个)星期   (2) 下(个)星期
   (3) 上午   (4) 下午
3. (1) 예) 现在五点半。   (2) 예) 我四点有课。
   (3) 예) 我一米六。
4. (1) 五月四号星期几?
   (2) 男生比女生多两个人。/ 女生比男生多两个人。
5. (1) 女生比男生多三个人。
   (2) 我比你大一岁。
   (3) 我弟弟比我高。

7과 이번 과에서 배울 내용

단어 ① 영어 ② 이상하다
문장 ① 같이 보자. ② 책상 위에 없어?
     ③ 그건 영어 책이야.

회화1 QUIZ! 带了(가져왔다)
회화2 QUIZ! 没找(찾지 못했다)
회화3 QUIZ! 在地上(바닥 위에 있었다)

표현 익히기

1. 没 méi
2. 了 le
3. ③
4. 在 zài

주요 회화 복습하기

1. dài
   A 나는 영어 책을 안 가져왔어!
   B 괜찮아, 내가 가져왔어.
2. Zhuōzi
   A 내 중국어 책은?
   B 탁자 위에 없어?
3. A 침대 위에 저것 아니야?
   B 아니야, 저건 영어 책이야.
4. zài, běn
   A 너 봐 봐, 바닥에 있잖아!
   B 맞아, 바로 이 책이야.

실력 다지기

1. (1) 一起   (2) chuáng   (3) Yīngyǔ
   (4) 奇怪   (5) 半天   (6) zhēn
2. (1) 美娜带英语书了。   (2) 东民的英语书在床上。
3. (1) 这不是我的汉语书。 (2) 桌子上没有吗?
   (3) 东民是韩国人吧。
4. (1) le 了   (2) méi 没   (3) bù 不
5. (1) 那一起看吧。   (2) 我找了半天了!
   (3) 真奇怪! 桌子上没有。 (4) 对，就是这本。

8과 이번 과에서 배울 내용

단어 ① 엘리베이터 ② 우체국
문장 ① 넌 몇 층 가니? ② 학교 안에 우체국이 있어?
     ③ 실례합니다, 지하철역은 어떻게 가나요?

회화1 QUIZ! 五楼(5층)
회화2 QUIZ! 有(있다)
회화3 QUIZ! 地铁站(지하철역)

표현 익히기

1. 请 Qǐng
2. 往 wǎng
3. 怎么 zěnme
4. (1) 跟 gēn   (2) 跟 Gēn

주요 회화 복습하기

1. jǐ
   A 당신은 몇 층 가세요? B 5층이요, 고마워요!
2. wǎng, zǒu
   A 실례합니다, 학교 안에 우체국이 있나요?
   B 있어요, 앞쪽으로 100미터만 가면 됩니다.
3. A 실례합니다, 지하철역은 어떻게 가나요?
   B 죄송합니다, 저는 정확히 모릅니다.

4. zhīdào, gēn

　Ⓐ 제가 알아요, 저를 따라 오세요.
　Ⓑ 감사합니다!

실력 다지기

1. (1) 清楚　　(2) 知道　　(3) 电梯
　 (4) 行人　　(5) 邮局　　(6) 旁边
2. (1) 你要去几楼?　　(2) 请问，邮局怎么走?
3. (1) jǐ lóu 几楼　　(2) 예) 往前走就行。
4. (1) dǎ 打　　(2) diànyǐng 电影
5. (1) 请跟我来。
　 (2) 邮局旁边就有ATM机。
　 (3) 往前走一百米就是食堂。

9과 이번 과에서 배울 내용

단어 ❶ 학교 ❷ 운동선수
문장 ❶ 당신은 무슨 일을 하세요?
　　 ❷ 나는 선생님이 되고 싶어요.
　　 ❸ 나는 운동선수예요!

회화1 QUIZ! 老师(선생님)
회화2 QUIZ! 助教(조교)
회화3 QUIZ! 主持人(사회자)

표현 익히기

1. (1) 在 zài　　(2) 在 zài
2. 想 xiǎng
3. 老师 lǎoshī
4. (1) 教授　　(2) 歌手
　 (3) 医生　　(4) 音乐家

주요 회화 복습하기

1. gōngzuò, xuésheng
　Ⓐ 당신은 무슨 일을 하세요?
　Ⓑ 저는 일하지 않아요, 저는 학생이에요.
2. Ⓐ 당신은 나중에 무슨 일을 하고 싶으세요?
　Ⓑ 저는 선생님이 되고 싶어요.
3. Ⓐ 당신은 어디에서 일하세요?
　Ⓑ 저는 회사에서 일해요.
4. yùndòngyuán, liǎobuqǐ
　Ⓐ 저는 운동선수가 되고 싶어요!
　Ⓑ 저는 대단한 음악가가 되고 싶어요.

실력 다지기

1. (1) 工作　　(2) 助教　　(3) 公司
　 (4) 以后　　(5) 了不起　　(6) 参加
2. (1) 你想做什么工作?　　(2) 他在哪儿工作?

3. (1) shénme gōngzuò, 什么工作
　　 Bù gōngzuò, 不工作
　　 xiǎng dāng lǎoshī, 想当老师
　 (2) Wǒ zài yīyuàn gōngzuò, 我在医院工作
4. (1) 以后他想当老师。
　 (2) 我也想在公司工作。
　 (3) 他想当像乔布斯一样的企业家。

10과 이번 과에서 배울 내용

단어 ❶ 맛있다 ❷ 땀이 나다
문장 ❶ 너는 중국어 말할 수 있니?
　　 ❷ 네가 중국요리 만든 거 정말 맛있다!
　　 ❸ 가을이 왔어요.

회화1 QUIZ! 会一点儿(조금 할 줄 안다)
회화2 QUIZ! 真好吃(정말 맛있다)
회화3 QUIZ! 堆雪人(눈사람을 만든다)

표현 익히기

1. (1) 会 huì　　(2) 会 huì
2. 得 de
3. (1) 了 le　　(2) 了 le
4. (1) 夏天　　(2) 秋天
　 (3) 热　　(4) 冷

주요 회화 복습하기

1. Hànyǔ
　Ⓐ 너는 중국어 말할 수 있니?
　Ⓑ 조금 할 줄 알아요.
2. Ⓐ 네가 중국요리 만든 거 정말 맛있다!
　Ⓑ 그래? 그럼 많이 먹어.
3. chū hàn
　Ⓐ 봄이 왔어요, 꽃이 피었어요.
　Ⓑ 여름이 왔어요, 땀이 나요.
4. xuěrén
　Ⓐ 가을이 왔어요, 가을 하늘은 높고 공기는 상쾌해요.
　Ⓑ 겨울이 왔어요, 눈사람을 만들어요.

실력 다지기

1. (1) 谦虚　　(2) 春天　　(3) 出汗
　 (4) 游泳　　(5) 凉快　　(6) 雪人
2. (1) ③　　(2) ②　　(3) ①
3. (1) hái chà de yuǎn ne, 还差得远呢
　　 Nǐ tài qiānxū le, 你太谦虚了
　 (2) Huā kāi le, 花开了
4. (1) 那就多吃点儿吧。

(2) 她韩国菜做得很好吃。

(3) 同学们得努力学习。

5. (1) huì 会　　(2) dé 得　　(3) xià 夏

11과 이번 과에서 배울 내용

단어　❶ 콜라　❷ 휴대전화

문장　❶ 당신은 무엇을 원하시나요?

　　　❷ 이것은 네 휴대전화니?

　　　❸ 너는 어떤 색깔을 좋아하니?

회화1 QUIZ! 一个汉堡，一杯可乐(햄버거 한 개와 콜라 한 잔)

회화2 QUIZ! 五十万韩币(한국 돈 50만원)

회화3 QUIZ! 红色(빨간색)

표현 익히기

1. A 要 yào　　B 烤鸭 kǎoyā

2. (1) 杯 bēi　　　　　　　(2) 只 zhī

3. (1) 的 de　　　　　　　(2) 是 shì, 的 de

4. (1) 黄色　　　　　　　　(2) 蓝色

주요 회화 복습하기

1. hànbǎo

　　A 당신은 무엇을 원하시나요?

　　B 저 햄버거 한 개 주세요.

2. dǎbāo

　　A 여기에서 드시나요, 아니면 포장하시나요?

　　B 여기에서 먹을 거예요.

3. A 이것은 네 휴대전화니?

　　B 맞아, 내가 새로 산 거야.

4. yánsè, báisè

　　A 너는 무슨 색깔의 꽃을 좋아하니?

　　B 나는 흰색(의 꽃)이 좋아.

실력 다지기

1. (1) 手机　　(2) 喜欢　　(3) 颜色

　　(4) 其实　　(5) 咖啡　　(6) 服务员

2. (1) Wǒ yào yí ge hànbǎo. 我要一个汉堡。

　　(2) Zhè shì nǐ de shǒujī ma? 这是你的手机吗？

　　(3) Háishi dǎbāo? 还是打包？

3. (1) 其实我也喜欢红色。

　　(2) 我妈妈是教书的。

　　(3) 他要买一杯可乐。

4. (1) 这本书，是不是你的?

　　(2) 她是从北京来的。

12과 이번 과에서 배울 내용

단어　❶ 선물　❷ 할머니

문장　❶ 너는 어떤 선물을 좋아하니?

　　　❷ 너의 전화번호는 몇 번이니?

　　　❸ 이건 내가 사고 싶었던 거야.

회화1 QUIZ! 东民的生日(동민의 생일날)

회화2 QUIZ! 存了(저장했다)

회화3 QUIZ! 东民想买的(동민이가 사고 싶던 것)

표현 익히기

1. (1) 能 néng　　　　　　(2) 会 huì

2. (1) 一下 yíxià　　　　　(2) 一下 yíxià

3. (1) 来 lái　　　　　　　(2) 来 lái

주요 회화 복습하기

1. shēngrì, dāngrán

　　A 내일 내 생일인데, 너 올래?

　　B 물론이지!

2. lǐwù

　　A 너는 무슨 선물을 좋아하니?

　　B 선물 살 필요 없어, 사람만 오면 돼.

3. hàomǎ, yíxià

　　A 너의 전화번호는 몇 번이니?

　　B 01023456788이야, 너 저장해 둬.

4. A 할머니가 너 주려고 산 선물 봐 봐.

　　B 와, 이건 내가 사고 싶었던 거예요!

실력 다지기

1. (1) 存　　　(2) 号码　　(3) 礼物

　　(4) 联系　　(5) 奶奶　　(6) 问题

2. (1) Nǐ néng lái ma? 你能来吗？

　　(2) Nǐ xǐhuan shénme lǐwù? 你喜欢什么礼物？

　　(3) Yǐhòu cháng liánxì ba. 以后常联系吧。

3. (1) 你的电话号码是多少？

　　(2) 这是我想买的。

　　(3) 我现在能游两百米。

4. (1) 2　　　(2) 4　　　(3) 1　　　(4) 3

MEMO

MEMO

기초 탄탄 핵심 콕콕

워크북

이지
중국어

동양북스

기초 탄탄 핵심 콕콕

워크북

이지 중국어

동양북스

핵심 단어 쓰기

nǐ 你 너	你你你你你你你			
	你			

hǎo 好 좋다, 안녕하다	好好好好好好			
	好			

zǎoshang 早上 아침	早早早早早早		上上上	
	早上			

nǐmen 你们 너희들	你你你你你你你		们们们们们	
	你们			

lǎoshī 老师 선생님	老老老老老老		师师师师师师	
	老师			

zài 再 다시	再再再再再再			
	再			

jiàn 见 보다, 만나다	见 冂 见 见			
	见			

míngtiān 明天 내일	明 冂 囗 日 旷 明 明 明　　天 一 天 天			
	明天			

bù 不 ~하지 않다	不 不 不 不			
	不			

kèqi 客气 예의 바르다	客 宀 宀 宀 灾 灾 灾 客 客　　气 气 气 气			
	客气			

méi 没 없다	没 没 没 没 没 没 没			
	没			

guānxi 关系 관계	关 关 关 兰 关 关　　系 系 系 系 系 系 系			
	关系			

회화1 안녕! / 안녕하세요!

你好！ Nǐ hǎo!

你好！ Nǐ hǎo!

회화2 선생님 안녕히 가세요!

老师再见！ Lǎoshī zàijiàn!

老师再见！ Lǎoshī zàijiàn!

회화3 고마워! / 감사합니다!

谢谢！ Xièxie!

谢谢！ Xièxie!

1. 단어에 알맞은 한어병음과 뜻을 연결해 보세요.

(1) 你 ・　　　　・① guānxi ・　　　　・ⓐ 선생님

(2) 老师 ・　　　　・② lǎoshī ・　　　　・ⓑ 내일

(3) 明天 ・　　　　・③ nǐ ・　　　　・ⓒ 관계

(4) 关系 ・　　　　・④ míngtiān ・　　　　・ⓓ 너, 당신

2. 제시어가 들어갈 알맞은 위치를 고르세요.

(1) **好** 　　　① 早 ② 上 ③ !

(2) **见** 　　　老 ① 师 ② 再 ③ !

(3) **不** 　　　① 客 ② 气 ③ !

(4) **没** 　　　① 关 ② 系 ③ !

3. 다음 문장을 중국어로 써 보세요.

(1) 너희들 안녕!

▶ _____

(2) 내일 봐!

▶ _____

(3) 천만에!

▶ _____

(4) 미안해!

▶ _____

ma 吗 ~입니까 (의문을 나타냄)	吗 吗 吗 吗 吗 吗			
	吗			

wǒ 我 나, 저	我 我 我 我 我 我 我			
	我			

hěn 很 매우, 아주	很 很 很 很 很 很 很 很 很			
	很			

yě 也 ~도, 또한	乜 也 也			
	也			

bàba 爸爸 아버지, 아빠	爸 爸 爸 爸 爸 爸 爸 爸			
	爸爸			

māma 妈妈 어머니, 엄마	妈 妈 妈 妈 妈 妈			
	妈妈			

gēge **哥哥** 형, 오빠	哥 哥 哥 哥 哥 哥 哥 哥 哥 哥哥

jiějie **姐姐** 누나, 언니	〈 女 女 如 如 姐 姐 姐 姐姐

tāmen **他们** 그들	他 他 忙 他 他　　　 们 们 们 们 们 他们

dōu **都** 모두, 다	都 都 者 者 者 者 者 者 都 都 都

máng **忙** 바쁘다	忙 忙 忙 忙 忙 忙 忙

lèi **累** 피곤하다	累 累 累 累 累 累 累 累 累 累 累 累

회화1 오랜만이에요!

好久不见! Hǎo jiǔ bú jiàn!

好久不见! Hǎo jiǔ bú jiàn!

회화2 그들은 잘 지내요.

他们很好。 Tāmen hěn hǎo.

他们很好。 Tāmen hěn hǎo.

회화3 당신은 바쁘세요?

你忙吗? Nǐ máng ma?

你忙吗? Nǐ máng ma?

1. 단어에 알맞은 한어병음과 뜻을 연결해 보세요.

(1) 久 •   • ① lèi •   • ⓐ 오래다

(2) 我 •   • ② wǒ •   • ⓑ 나, 저

(3) 妈妈 •   • ③ jiǔ •   • ⓒ 어머니, 엄마

(4) 累 •   • ④ māma •   • ⓓ 피곤하다

2. 제시어가 들어갈 알맞은 위치를 고르세요.

(1) 也   ① 我 ② 很 ③ 好 ④ 。

(2) 不   ① 用 ② 客 ③ 气 ④ 。

(3) 吗   ① 你 ② 爸爸妈妈 ③ 好 ④ ?

(4) 累   ① 你 ② 吗 ③ ?

3. 다음 문장을 중국어로 써 보세요.

(1) 나는 매우 잘 지내.

▶ _____

(2) 그들도 매우 잘 지내.

▶ _____

(3) 나는 매우 바뻐.

▶ _____

(4) 너는 피곤하니?

▶ _____

jiào 叫 ~라고 부르다	叫 叫 叫 叫 叫			
	叫			

shénme 什么 무엇	什 什 什 什　　　　么 么 么			
	什么			

míngzi 名字 이름	名 夕 夕 名 名 名　　　字 字 字 字 字 字			
	名字			

xìng 姓 성, 성이 ~이다	姓 姓 姓 姓 姓 姓 姓 姓			
	姓			

nín 您 당신 (你의 높임말)	您 您 您 您 您 您 您 您 您 您			
	您			

guì 贵 귀하다	贵 贵 贵 贵 贵 贵 贵 贵 贵			
	贵			

zěnme **怎么** 어떻게	怎 怎 怎 怎 怎 怎 怎 怎 怎　　么 么 么		
	怎么		

chēnghu **称呼** 부르다	称 称 称 称 称 称 称 称 称 称　呼 呼 呼 呼 呼 呼 呼 呼		
	称呼		

jiù **就** 바로, 곧	就 就 就 就 就 京 京 京 就 就 就		
	就		

shì **是** ~이다	是 是 是 是 是 昰 昰 昰 是		
	是		

shéi **谁** 누구	谁 谁 谁 谁 谁 谁 谁 谁 谁 谁		
	谁		

Hànyǔ **汉语** 중국어	汉 汉 汉 汉 汉　　　语 语 语 语 语 语 语 语		
	汉语		

회화1 당신은 이름이 뭐예요?

你叫什么名字? Nǐ jiào shénme míngzi?

你叫什么名字? Nǐ jiào shénme míngzi?

회화2 리 선생님이라고 부르면 돼요.

你叫我李老师就行。 Nǐ jiào wǒ Lǐ lǎoshī jiù xíng.

你叫我李老师就行。 Nǐ jiào wǒ Lǐ lǎoshī jiù xíng.

회화3 그녀는 누구예요?

她是谁? Tā shì shéi?

她是谁? Tā shì shéi?

1. 단어에 알맞은 한어병음과 뜻을 연결해 보세요.

(1) 名字 ·   · ① nán   ·   · ⓐ 어렵다

(2) 怎么 ·   · ② zěnme   ·   · ⓑ 누구

(3) 谁 ·   · ③ shéi   ·   · ⓒ 어떻게

(4) 难 ·   · ④ míngzi   ·   · ⓓ 이름

2. 제시어가 들어갈 알맞은 위치를 고르세요.

(1) 叫   你 ① 什么 ② 名 ③ 字 ④ ?

(2) 行   你 ① 叫 ② 我 ③ 李老师就 ④ 。

(3) 也   ① 一 ② 点儿 ③ 不 ④ 难。

(4) 不   学 ① 汉语 ② 难 ③ 难 ④ ?

3. 다음 문장을 중국어로 써 보세요.

(1) 당신은 성은 어떻게 되세요?

▶ _____

(2) 당신을 어떻게 부를까요?

▶ _____

(3) 그녀는 우리에게 중국어 수업을 가르치세요.

▶ _____

(4) 조금도 어렵지 않아요.

▶ _____

4과 핵심 단어 쓰기

jiā 家 집, 가정	家家家家家家家家家家 家			

yǒu 有 있다	有有有有有有 有			

jǐ 几 몇	几几 几			

rén 人 사람	人人 人			

méiyǒu 没有 없다	没没没没没没没　　有有有有有有 没有			

ge 个 명, 개	个个个 个			

zhēn **真** 정말	真 古 古 古 直 直 真 真		
	真		

xiànmù **羡慕** 부러워하다	羡 羡 羡 羊 美 美 美 美 羡 羡 莫 莫 莫 莫 茦 苺 莫 莫 莫 莫 慕 慕 慕		
	羡慕		

Hánguó **韩国** 한국	韩 韩 古 古 古 直 卓 乾 乾 乾 韩	囗 冂 冂 同 用 国 国 国
	韩国	

Zhōngguó **中国** 중국	中 口 口 中	囗 冂 冂 同 用 国 国 国
	中国	

péngyou **朋友** 친구	丿 刀 月 月 朋 朋 朋 朋	丆 友 方 友
	朋友	

Rìběn **日本** 일본	丨 冂 日 日	丆 十 木 木 本
	日本	

회화1 우리 집은 네 식구가 있어요.

我家有四口人。 Wǒ jiā yǒu sì kǒu rén.

我家有四口人。 Wǒ jiā yǒu sì kǒu rén.

회화2 당신은 형제자매가 있어요?

你有兄弟姐妹吗？ Nǐ yǒu xiōngdì jiěmèi ma?

你有兄弟姐妹吗？ Nǐ yǒu xiōngdì jiěmèi ma?

회화3 나는 한국 사람이에요.

我是韩国人。 Wǒ shì Hánguórén.

我是韩国人。 Wǒ shì Hánguórén.

1. 단어에 알맞은 한어병음과 뜻을 연결해 보세요.

(1) 和 · · ① nǎ · · ⓐ ~와

(2) 独生女 · · ② xiànmù · · ⓑ 어느

(3) 羨慕 · · ③ hé · · ⓒ 부러워하다

(4) 哪 · · ④ dúshēngnǚ · · ⓓ 외동딸

2. 제시어가 들어갈 알맞은 위치를 고르세요.

(1) **几**　　　　你 ① 家 ② 有 ③ 口 ④ 人?

(2) **个**　　　　① 我 ② 有 ③ 一 ④ 哥哥。

(3) **哪**　　　　① 你 ② 是 ③ 国 ④ 人?

(4) **是**　　　　我 ① 朋友 ② 也 ③ 中国 ④ 人。

3. 다음 문장을 중국어로 써 보세요.

(1) 너희 집은 식구가 몇 명이야?

▶ _____

(2) 나는 외동딸이야.

▶ _____

(3) 네가 정말 부럽다.

▶ _____

(4) 네 친구는 일본 사람 아니야?

▶ _____

5과

핵심 단어 쓰기

jīnnián **今年** 올해	今 今 今 今	年 年 年 年 年 年		
	今年			

duōdà **多大** (나이가) 얼마인가	多 多 多 多 多 多	大 大 大		
	多大			

niánjì **年纪** 나이, 연령	年 年 年 年 年 年	纪 纪 纪 纪 纪 纪		
	年纪			

háizi **孩子** 아이, 자녀	孩 孩 孩 孩 孩 孩 孩 孩 孩	子 子 子		
	孩子			

nǚ'ér **女儿** 딸	女 女 女	儿 儿		
	女儿			

suì **岁** 살, 세	岁 岁 岁 岁 岁 岁			
	岁			

rènshi 认识 알다, 인식하다	认认认认	识识识识识识识
	认识	

gāoxìng 高兴 기쁘다	高高高高高高高高高高	兴兴兴兴兴兴
	高兴	

jièshào 介绍 소개하다	介介介介	绍绍绍绍绍绍绍绍
	介绍	

xuéxí 学习 공부하다	学学学学学学学学	习习习
	学习	

piàoliang 漂亮 예쁘다, 아름답다	漂漂漂漂漂漂漂漂漂漂漂漂漂 亮亮亮亮亮亮亮亮亮	
	漂亮	

kě'ài 可爱 귀엽다	可可可可可	爱爱爱爱爱爱爱爱爱爱
	可爱	

회화1 너는 올해 몇 살이야?

你今年多大? Nǐ jīnnián duōdà?

你今年多大? Nǐ jīnnián duōdà?

회화2 그녀는 올해 다섯 살이야.

她今年五岁。 Tā jīnnián wǔ suì.

她今年五岁。 Tā jīnnián wǔ suì.

회화3 너희들을 알게 되어 매우 기뻐.

认识你们很高兴。 Rènshi nǐmen hěn gāoxìng.

认识你们很高兴。 Rènshi nǐmen hěn gāoxìng.

1. 단어에 알맞은 한어병음과 뜻을 연결해 보세요.

(1) 年纪 ·   · ① niánjì ·   · ⓐ 좀 ~하다

(2) 孩子 ·   · ② yíxià ·   · ⓑ 자녀, 아이

(3) 一下 ·   · ③ liúxuéshēng ·   · ⓒ 나이, 연령

(4) 留学生 ·   · ④ háizi ·   · ⓓ 유학생

2. 제시어가 들어갈 알맞은 위치를 고르세요.

(1) 多大   ① 您 ② 今年 ③ 年纪 ④ ?

(2) 岁   ① 您 ② 女儿 ③ 几 ④ ?

(3) 一下   ① 我 ② 来 ③ 自我介绍 ④ 。

(4) 在   ① 我 ② 中国 ③ 学习 ④ 汉语。

3. 다음 문장을 중국어로 써 보세요.

(1) 정말 마흔 살 같지 않아요.

▶ _____

(2) 나는 딸이 한 명 있어요.

▶ _____

(3) 중국어는 매우 재미있어요.

▶ _____

(4) 그녀는 매우 예뻐요.

▶ _____

핵심 단어 쓰기

xiànzài 现在 지금	现 现 现 现 现 现 现 现 在 在 在 在 在 在
	现在

diǎn 点 시	点 点 点 点 点 点 点 点 点
	点

fēn 分 분	分 分 分 分
	分

xiàwǔ 下午 오후	下 丁 下 午 午 午 午
	下午

shēngrì 生日 생일	生 生 生 生 生 日 日 日 日
	生日

yuè 月 월, 달	月 月 月 月
	月

| hào
号
일 | 号 号 号 号 号
号 | | | |

| xīngqī
星期
요일 | 星 星 星 星 昱 星 星 星
期 十 卅 甘 其 其 期 期 期 期
星期 | | | |

| bān
班
반, 학급 | 班 班 班 班 班 班 班 班 班
班 | | | |

| duōshao
多少
얼마나 | 多 夕 夕 多 多 多　　少 小 小 少
多少 | | | |

| bǐ
比
~보다, ~에 비하여 | 比 比 比 比
比 | | | |

| gāo
高
높다, 크다 | 高 高 高 高 高 高 高 高 高 高
高 | | | |

회화1 지금 몇 시야?

现在几点? Xiànzài jǐ diǎn?

现在几点? Xiànzài jǐ diǎn?

회화2 네 생일은 몇 월 며칠이야?

你的生日几月几号? Nǐ de shēngrì jǐ yuè jǐ hào?

你的生日几月几号? Nǐ de shēngrì jǐ yuè jǐ hào?

회화3 너는 키가 얼마나 크니?

你多高? Nǐ duōgāo?

你多高? Nǐ duōgāo?

1. 단어에 알맞은 한어병음과 뜻을 연결해 보세요.

(1) 课　　　·　　　·① chà　　　·　　　·ⓐ 요일

(2) 差　　　·　　　·② xīngqī　·　　　·ⓑ 미터

(3) 星期　·　　　·③ mǐ　　　·　　　·ⓒ 차이가 나다, 모자라다

(4) 米　　　·　　　·④ kè　　　·　　　·ⓓ 수업, 과목

2. 제시어가 들어갈 알맞은 위치를 고르세요.

(1) **差**　　　　　① 五 ② 分 ③ 三 ④ 点。

(2) **几**　　　　　① 五月 ② 四号 ③ 星期 ④ ?

(3) **有**　　　　　你们 ① 班 ② 多少 ③ 个 ④ 男生?

(4) **没有**　　　① 今天 ② 下午 ③ 课 ④ 。

3. 다음 문장을 중국어로 써 보세요.

(1) 3시 5분 전이에요.

▶ _____

(2) 내 생일은 5월 4일이에요.

▶ _____

(3) 여학생은 몇 명 있어요?

▶ _____

(4) 여학생은 남학생보다 두 명 많아요.

▶ _____

dài 带 가지다	带 带 带 带 带 带 带 带 带			
	带			

Yīngyǔ 英语 영어	英 英 英 英 英 英 英 英	语 语 语 语 语 语 语 语 语		
	英语			

shū 书 책	书 书 书 书			
	书			

yìqǐ 一起 같이, 함께	一	起 起 起 起 起 起 起 起 起		
	一起			

kàn 看 보다	看 看 看 看 看 看 看 看			
	看			

Hànyǔ 汉语 중국어	汉 汉 汉 汉 汉	语 语 语 语 语 语 语 语 语		
	汉语			

zhuōzi **桌子** 탁자, 책상	桌 桌 桌 桌 桌 桌 桌 桌 桌 桌　　子 子 子		
	桌子		

zhǎo **找** 찾다	找 找 找 找 找 找 找		
	找		

bàntiān **半天** 한참 동안	半 半 半 半 半　　　　天 天 天 天		
	半天		

qíguài **奇怪** 이상하다	奇 奇 奇 奇 奇 奇 奇 奇　　怪 怪 怪 怪 怪 怪 怪 怪		
	奇怪		

chuáng **床** 침대	床 床 床 床 床 床 床		
	床		

dì **地** 땅, 바닥	地 地 地 地 地 地		
	地		

회화1 나는 영어 책을 안 가져왔어요!

我没带英语书！ Wǒ méi dài Yīngyǔ shū!

我没带英语书！ Wǒ méi dài Yīngyǔ shū!

회화2 난 한참 동안 찾았어요.

我找了半天了。 Wǒ zhǎo le bàntiān le.

我找了半天了。 Wǒ zhǎo le bàntiān le.

회화3 침대 위에 그거 아니에요?

床上那个不是吗？ Chuáng shang nà ge bú shì ma?

床上那个不是吗？ Chuáng shang nà ge bú shì ma?

1. 단어에 알맞은 한어병음과 뜻을 연결해 보세요.

(1) 床 · · ① chuáng · · ⓐ 한참 동안

(2) 半天 · · ② dài · · ⓑ 침대

(3) 带 · · ③ qíguài · · ⓒ 이상하다

(4) 奇怪 · · ④ bàntiān · · ⓓ 가지다

2. 제시어가 들어갈 알맞은 위치를 고르세요.

(1) 没 　　我 ① 带 ② 英语 ③ 书 ④ ！

(2) 呢 　　我 ① 的 ② 汉语 ③ 书 ④ ？

(3) 上 　　床 ① 那个 ② 不是 ③ 吗 ④ ？

(4) 在 　　你 ① 看, ② 地 ③ 上 ④ 呢 ！

3. 다음 문장을 중국어로 써 보세요.

(1) 괜찮아요, 내가 가져왔어요.

▶ _____

(2) 탁자 위에 없어요?

▶ _____

(3) 정말 이상해요.

▶ _____

(4) 아니에요, 그건 영어 책이에요.

▶ _____

diàntī **电梯** 엘리베이터	电 电 电 电 电	梯 梯 梯 梯 梯 梯 梯 梯 梯 梯
	电梯	

děng **等** 기다리다	等 等 等 等 等 等 等 等 等 等 等 等	
	等	

lóu **楼** 층	楼 楼 楼 楼 楼 楼 楼 楼 楼 楼 楼 楼	
	楼	

qǐngwèn **请问** 말씀 좀 묻겠습니다	请 请 请 请 请 请 请 请 请	问 问 问 问 问 问
	请问	

xuéxiào **学校** 학교	学 学 学 学 学 学 学 学	校 校 校 校 校 校 校 校 校 校
	学校	

yóujú **邮局** 우체국	邮 邮 邮 邮 邮 邮 邮	局 局 局 局 局 局 局
	邮局	

wǎng 往 ~로, ~을 향해	往 往 往 往 往 往 往 往		
	往		

pángbiān 旁边 옆(쪽), 곁	旁 旁 旁 旁 旁 旁 旁 旁 旁 旁　　コ 力 边 边 边		
	旁边		

dìtiě 地铁 지하철	地 地 地 地 地 地　　　铁 铁 铁 铁 铁 铁 铁 铁 铁 铁		
	地铁		

qīngchu 清楚 분명하다, 명확하다	清 清 清 清 清 清 清 清 清 清 清 楚 楚 楚 楚 楚 楚 楚 楚 楚 楚 楚 楚 楚		
	清楚		

zhīdao 知道 알다	知 知 知 知 知 知 知 知　　道 道 道 道 道 道 首 首 首 道 道 道		
	知道		

gēn 跟 따르다, 따라가다	跟 跟 跟 跟 跟 跟 跟 跟 跟 跟 跟 跟		
	跟		

회화1 당신은 몇 층 가세요?

你去几楼? Nǐ qù jǐ lóu?

你去几楼? Nǐ qù jǐ lóu?

회화2 학교 안에 우체국이 있나요?

学校里有邮局吗? Xuéxiào lǐ yǒu yóujú ma?

学校里有邮局吗? Xuéxiào lǐ yǒu yóujú ma?

회화3 실례합니다, 지하철역은 어떻게 가나요?

请问，地铁站怎么走? Qǐngwèn, dìtiě zhàn zěnme zǒu?

请问，地铁站怎么走? Qǐngwèn, dìtiě zhàn zěnme zǒu?

1. 단어에 알맞은 한어병음과 뜻을 연결해 보세요.

(1) 前 · · ① lóu · · ⓐ 앞

(2) 行人 · · ② qián · · ⓑ 층

(3) 站 · · ③ xíngrén · · ⓒ 역

(4) 楼 · · ④ zhàn · · ⓓ 행인

2. 제시어가 들어갈 알맞은 위치를 고르세요.

(1) 往   ① 前 ② 走 ③ 一百米 ④ 就行。

(2) 就   ① 邮局 ② 旁边 ③ 有 ④ 。

(3) 怎么   ① 请问, ② 地铁 ③ 站 ④ 走?

(4) 不太   ① 对不起, ② 我 ③ 清楚 ④ 。

3. 다음 문장을 중국어로 써 보세요.

(1) 엘리베이터 왔어요!

▶ _____

(2) 5층이요, 감사합니다!

▶ _____

(3) 우체국 옆에 바로 있어요.

▶ _____

(4) 제가 알아요, 저를 따라 오세요.

▶ _____

zuò **做** ~하다	做 做 作 做 做 做 做 做 做 做 做		
	做		

gōngzuò **工作** 일, 일하다	工 工 工	作 作 作 作 作 作 作	
	工作		

xuésheng **学生** 학생	学 学 学 学 学 学 学 学	生 生 生 生 生	
	学生		

yǐhòu **以后** 이후에	以 以 以 以	后 后 后 后 后 后	
	以后		

zhùjiào **助教** 조교	助 助 助 助 助 助 助	教 教 教 教 教 教 教 教 教 教	
	助教		

gōngsī **公司** 회사	公 公 公 公	司 司 司 司 司	
	公司		

yùndòngyuán **运动员** 운동선수	运 运 云 云 运 运 运 员 员 员 员 员 员 员	动 动 动 动 动 动 运动员

yíyàng **一样** 같다, 동일하다	一	样 样 样 样 样 样 样 样 样 样 一样

liǎobuqǐ **了不起** 대단하다	了 了　　不 不 不 不　　起 起 起 起 起 起 起 起 起 起 了不起

yīnyuèjiā **音乐家** 음악가	音 音 音 音 音 音 音 音 音 家 家 家 家 家 家 家 家 家 家 音乐家	乐 乐 乐 乐 乐

yāoqǐng **邀请** 초청하다	邀 邀 白 白 白 白 身 身 身 敫 敫 敫 激 激 邀 请 请 请 请 请 请 请 请 请 邀请

cānjiā **参加** 참가하다	参 参 台 台 � 矣 矣 参 参　　丁 力 加 加 加 参加

회화1 너는 무슨 일 하니?

你做什么工作? Nǐ zuò shénme gōngzuò?

你做什么工作? Nǐ zuò shénme gōngzuò?

회화2 나는 학교에서 조교를 해.

我在学校当助教。 Wǒ zài xuéxiào dāng zhùjiào.

我在学校当助教。 Wǒ zài xuéxiào dāng zhùjiào.

회화3 나는 운동선수가 되고 싶어!

我想当运动员! Wǒ xiǎng dāng yùndòngyuán!

我想当运动员! Wǒ xiǎng dāng yùndòngyuán!

1. 단어에 알맞은 한어병음과 뜻을 연결해 보세요.

(1) 助教 ·　　·① zhùjiào　·　　·ⓐ 조교

(2) 音乐家 ·　　·② qǐyèjiā　·　　·ⓑ 음악가

(3) 企业家 ·　　·③ yīnyuèjiā　·　　·ⓒ 사회자

(4) 主持人 ·　　·④ zhǔchírén　·　　·ⓓ 기업가

2. 제시어가 들어갈 알맞은 위치를 고르세요.

(1) 想　　　　　你 ① 以后 ② 做 ③ 什么 ④ 工作?

(2) 当　　　　　① 我 ② 在 ③ 学校 ④ 助教。

(3) 在　　　　　我 ① 以后 ② 也想 ③ 公司 ④ 工作。

(4) 邀请　　　　我 ① 想 ② 你们 ③ 参加 ④ 我的节目。

3. 다음 문장을 중국어로 써 보세요.

(1) 나는 선생님이 되고 싶어요.

▶ _____

(2) 당신은 어디에서 일하세요?

▶ _____

(3) 저는 회사에서 일해요.

▶ _____

(4) 나는 대단한 음악가가 되고 싶어요.

▶ _____

핵심 단어 쓰기

huì 会 ~할 수 있다	会会会会会会 会			

shuō 说 말하다	说说说说说说说说说 说			

qiānxū 谦虚 겸손하다	谦谦谦谦谦谦谦谦谦谦谦 虚虚虚虚虚虚虚虚虚虚 谦虚			

chà 差 차이가 나다, 부족하다	差差差差差差差差差 差			

yuǎn 远 멀다	远远远元元远远 远			

cài 菜 요리	菜菜菜菜菜菜菜菜菜菜菜 菜			

bié 别 ~하지 마라	刂 別 別 号 別 別 別 別	

chūntiān 春天 봄	丢 丢 丢 耒 夫 表 春 春 春　天 二 于 天 春天	

xiàtiān 夏天 여름	夏 夏 夏 百 百 百 百 頁 夏 夏　天 二 于 天 夏天	

qiūtiān 秋天 가을	秋 秋 秋 秋 秋 秋 秋 秋 秋　天 二 于 天 秋天	

dōngtiān 冬天 겨울	冬 冬 冬 冬 冬　　　　天 二 于 天 冬天	

xuěrén 雪人 눈사람	雪 雪 雪 雪 雪 雪 雪 雪 雪 雪 雪　人 人 雪人	

회화1 너는 중국어를 말할 줄 아니?

你会说汉语吗? Nǐ huì shuō Hànyǔ ma?

你会说汉语吗? Nǐ huì shuō Hànyǔ ma?

회화2 그러면 많이 먹어.

那就多吃点吧。 Nà jiù duō chī diǎn ba.

那就多吃点吧。 Nà jiù duō chī diǎn ba.

회화3 봄이 왔고, 꽃이 피었어.

春天来了, 花开了。 Chūntiān lái le, huā kāi le.

春天来了, 花开了。 Chūntiān lái le, huā kāi le.

1. 단어에 알맞은 한어병음과 뜻을 연결해 보세요.

(1) 一点 ·　　　　· ① duī 　　　· ·ⓐ 쌓다

(2) 堆 ·　　　　· ② yìdiǎn 　· ·ⓑ 조금

(3) 好吃 ·　　　　· ③ shuǎng 　· ·ⓒ 맛있다

(4) 爽 ·　　　　· ④ hǎochī 　· ·ⓓ 상쾌하다, 시원하다

2. 제시어가 들어갈 알맞은 위치를 고르세요.

(1) 差　　　　　　没有没有, ① 还 ② 得 ③ 远 ④ 呢。

(2) 得　　　　　　你 ① 中国菜 ② 做 ③ 真 ④ 好吃！

(3) 开　　　　　　春天 ① 来 ② 了, ③ 花 ④ 了。

(4) 吧　　　　　　冬天 ① 来了, ② 堆 ③ 雪人 ④ 。

3. 다음 문장을 중국어로 써 보세요.

(1) 아직 멀었어.

▶ _____

(2) 너는 정말 겸손하다.

▶ _____

(3) 너 중국요리 정말 맛있게 한다!

▶ _____

(4) 여름이 왔어. 땀이 나.

▶ _____

핵심 단어 쓰기

fúwùyuán **服务员** 종업원	服 服 服 服 服 服 服 服 务 务 务 务 务 员 员 员 员 员 员 员		
	服务员		

hànbǎo **汉堡** 햄버거	汉 汉 汉 汉 汉 堡 堡 堡 堡 堡 堡 堡 堡 堡 堡 堡		
	汉堡		

kělè **可乐** 콜라	可 可 可 可 可 乐 乐 乐 乐 乐		
	可乐		

háishi **还是** 또는, 아니면	还 还 还 还 还 还 还 是 是 是 是 是 是 是 是 是		
	还是		

dǎbāo **打包** 포장하다	打 打 打 打 打 包 包 包 包 包		
	打包		

shǒujī **手机** 휴대전화	手 手 手 手 机 机 机 机 机 机		
	手机		

duōshao **多少** 얼마	多 夕 夕 多 多 多		少 小 小 少	
	多少			

qián **钱** 돈	钱 钱 钱 钱 钱 钱 钱 钱 钱 钱			
	钱			

xǐhuan **喜欢** 좋아하다	一 士 吉 吉 吉 吉 吉 吉 喜 喜 喜		欢 欢 欢 欢 欢 欢	
	喜欢			

yánsè **颜色** 색, 색깔	颜 颜 颜 颜 产 产 产 颜 颜 颜 颜 颜 颜 颜 色 色 色 色 色 色			
	颜色			

hóngsè **红色** 빨강색	红 红 红 红 红 红		色 色 色 色 色 色	
	红色			

qíshí **其实** 사실(은)	其 土 井 其 其 其 其 其		实 实 实 实 实 实 实 实	
	其实			

회화1 당신은 무엇을 원하시나요?

您要什么? Nín yào shénme?

您要什么? Nín yào shénme?

회화2 이것은 당신의 휴대전화예요?

这是你的手机吗? Zhè shì nǐ de shǒujī ma?

这是你的手机吗? Zhè shì nǐ de shǒujī ma?

회화3 당신은 어떤 색깔의 꽃을 좋아하세요?

你喜欢什么颜色的花? Nǐ xǐhuan shénme yánsè de huā?

你喜欢什么颜色的花? Nǐ xǐhuan shénme yánsè de huā?

1. 단어에 알맞은 한어병음과 뜻을 연결해 보세요.

(1) 这儿 ·   · ① báisè ·   · ⓐ 한국 돈

(2) 多少 ·   · ② hánbì ·   · ⓑ 얼마

(3) 白色 ·   · ③ zhèr ·   · ⓒ 흰색

(4) 韩币 ·   · ④ duōshao ·   · ⓓ 여기, 이곳

2. 제시어가 들어갈 알맞은 위치를 고르세요.

(1) 还是   在 ① 这儿 ② 吃，③ 打包 ④ ?

(2) 的   这 ① 是 ② 你 ③ 手机 ④ 吗?

(3) 什么   你 ① 喜欢 ② 颜色 ③ 的 ④ 花?

(4) 其实   ① 红色的 ② 我 ③ 也 ④ 喜欢。

3. 다음 문장을 중국어로 써 보세요.

(1) 햄버거 한 개, 콜라 한 잔이요.

▶ _____

(2) 이것은 새로 산 것이에요.

▶ _____

(3) 얼마에 산 거예요?

▶ _____

(4) 저는 흰색의 꽃을 좋아해요.

▶ _____

| guò
过
지내다, 보내다 | 过 寸 寸 讨 讨 过
过 | | | |

| shēngrì
生 日
생일 | 生 生 生 生 生　　　日 冂 日 日
生 日 | | | |

| dāngrán
当 然
당연하다 | 当 当 当 当 当 当　　然 夕 然 然 外 然 然 然 然 然 然 然
当 然 | | | |

| lǐwù
礼物
선물 | 礼 礼 礼 礼 礼　　　物 物 物 物 物 物 物 物
礼物 | | | |

| cún
存
저장하다 | 存 存 存 存 存 存
存 | | | |

| wèntí
问题
문제 | 问 问 问 问 问 问　　题 题 题 题 题 题 题 题 题 题 题 题 题 题
问题 | | | |

cháng 常 늘, 자주, 언제나	常 常 常 常 常 常 常 常 常 常 常
	常

liánxì 联系 연락하다	联 联 联 联 联 联 联 联 联 联 联 联　　系 系 系 系 系 系 系
	联系

nǎinai 奶奶 할머니	乁 奶 奶 奶 奶
	奶奶

guòlái 过来 오다	辶 十 寸 寸 讨 过　　　来 来 来 来 来 来 来
	过来

gěi 给 주다, ~에게	给 给 给 纺 纺 纺 给 给 给
	给

zuì 最 가장, 제일	最 最 最 最 最 最 最 最 最 最 最 最
	最

회화1 너는 무슨 선물을 좋아하니?

你喜欢什么礼物? Nǐ xǐhuan shénme lǐwù?

你喜欢什么礼物? Nǐ xǐhuan shénme lǐwù?

회화2 네 전화번호는 뭐니?

你的电话号码是多少? Nǐ de diànhuà hàomǎ shì duōshao?

你的电话号码是多少? Nǐ de diànhuà hàomǎ shì duōshao?

회화3 이것은 내가 사고 싶던 거야!

这是我想买的! Zhè shì wǒ xiǎng mǎi de!

这是我想买的! Zhè shì wǒ xiǎng mǎi de!

1. 단어에 알맞은 한어병음과 뜻을 연결해 보세요.

(1) 当然 · · ① lǐwù · · ⓐ 참으로, 진실로

(2) 礼物 · · ② dāngrán · · ⓑ 당연하다

(3) 过来 · · ③ guòlái · · ⓒ 선물

(4) 真的 · · ④ zhēn de · · ⓓ 오다

2. 제시어가 들어갈 알맞은 위치를 고르세요.

(1) 过   明天 ① 我 ② 生日，你 ③ 要来 ④ 吗?

(2) 来   不用 ① 买 ② 礼物，③ 人 ④ 就行。

(3) 也   我的 ① 你 ② 存 ③ 一下 ④ 吧。

(4) 给   看看 ① 奶奶 ② 你 ③ 买的 ④ 礼物。

3. 다음 문장을 중국어로 써 보세요.

(1) 내일이 내 생일이야.

▶ _____

(2) 저장해 둬.

▶ _____

(3) 이후에 자주 연락하자!

▶ _____

(4) 할머니 오셨다!

▶ _____

1과

1. (1)—③—ⓓ   (2)—②—ⓐ
    (3)—④—ⓑ   (4)—①—ⓒ

2. (1) ③   (2) ③   (3) ①   (4) ①

3. (1) 你们好!   (2) 明天见!
    (3) 不客气!   (4) 对不起!

2과

1. (1)—③—ⓐ   (2)—②—ⓑ
    (3)—④—ⓒ   (4)—①—ⓓ

2. (1) ②   (2) ①   (3) ④   (4) ②

3. (1) 我很好。   (2) 他们都很好。
    (3) 我很忙。   (4) 你累吗?

3과

1. (1)—④—ⓓ   (2)—②—ⓒ
    (3)—③—ⓑ   (4)—①—ⓐ

2. (1) ①   (2) ④   (3) ③   (4) ③

3. (1) 您贵姓?   (2) 您怎么称呼?
    (3) 她教我们汉语课。 (4) 一点儿也不难。

4과

1. (1)—③—ⓐ   (2)—④—ⓓ
    (3)—②—ⓒ   (4)—①—ⓑ

2. (1) ③   (2) ④   (3) ③   (4) ③

3. (1) 你家有几口人?   (2) 我是独生女。
    (3) 真羡慕你。   (4) 你朋友不是日本人吗?

5과

1. (1)—①—ⓒ   (2)—④—ⓑ
    (3)—②—ⓐ   (4)—③—ⓓ

2. (1) ③   (2) ④   (3) ④   (4) ②

3. (1) 真不像四十。   (2) 我有一个女儿。
    (3) 汉语很有意思。 (4) 她很漂亮。

6과

1. (1)—④—ⓓ   (2)—①—ⓒ
    (3)—②—ⓐ   (4)—③—ⓑ

2. (1) ①   (2) ④   (3) ②   (4) ③

3. (1) 差五分三点。   (2) 我的生日五月四号。
    (3) 有几个女生?   (4) 女生比男生多两个人。

7과

1. (1)—①—ⓑ   (2)—④—ⓐ
    (3)—②—ⓓ   (4)—③—ⓒ

2. (1) ①   (2) ④   (3) ①   (4) ②

3. (1) 没关系, 我带了。 (2) 桌子上没有吗?
    (3) 真奇怪。   (4) 不是, 那是英语书。

8과

1. (1)—②—ⓐ   (2)—①—ⓓ
    (3)—④—ⓒ   (4)—③—ⓑ

2. (1) ①   (2) ②   (3) ④   (4) ③

3. (1) 电梯来了!   (2) 五楼, 谢谢你!
    (3) 邮局旁边就有。 (4) 我知道, 请跟我来。

9과

1. (1)—①—ⓐ   (2)—③—ⓑ
    (3)—②—ⓓ   (4)—④—ⓒ

2. (1) ②   (2) ④   (3) ③   (4) ②

3. (1) 我想当老师。   (2) 你在哪儿工作?
    (3) 我在公司工作。 (4) 我想当了不起的音乐家。

10과

1. (1)—②—ⓑ   (2)—①—ⓐ
    (3)—④—ⓒ   (4)—③—ⓓ

2. (1) ②   (2) ③   (3) ④   (4) ④

3. (1) 还差得远呢。   (2) 你太谦虚了。
    (3) 你中国菜做得真好吃! (4) 夏天来了。出汗。

11과

1. (1)—③—ⓓ   (2)—④—ⓑ
    (3)—①—ⓒ   (4)—②—ⓐ

2. (1) ③   (2) ③   (3) ②   (4) ①

3. (1) 一个汉堡, 一杯可乐。 (2) 这是我新买的。
    (3) 多少钱买的?   (4) 我喜欢白色的花。

12과

1. (1)—②—ⓑ   (2)—①—ⓒ
    (3)—③—ⓓ   (4)—④—ⓐ

2. (1) ②   (2) ④   (3) ②   (4) ②

3. (1) 明天我过生日。   (2) 你存一下吧。
    (3) 以后常联系吧!   (4) 奶奶来了!

MEMO

MEMO

MEMO

외국어 출판 40년의 신뢰
외국어 전문 출판 그룹
동양북스가 만드는 책은 다릅니다.

40년의 쉼 없는 노력과 도전으로 책 만들기에 최선을 다해온 동양북스는
오늘도 미래의 가치에 투자하고 있습니다.
대한민국의 내일을 생각하는 도전 정신과 믿음으로 최선을 다하겠습니다.

📖 동양북스

동양북스 추천 교재

일본어 교재의 최강자, 동양북스 추천 교재

회화 코스북

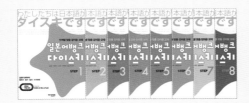

일본어뱅크 다이스키
STEP 1·2·3·4·5·6·7·8

일본어뱅크
좋아요 일본어 1·2·3·4·5·6

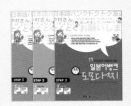

일본어뱅크 도모다찌
STEP 1·2·3

분야서

일본어뱅크
좋아요 일본어 독해 STEP 1·2

일본어뱅크
일본어 작문 초급

일본어뱅크
사진과 함께하는
일본 문화

일본어뱅크
항공 서비스 일본어

가장 쉬운 독학
일본어 현지회화

수험서

일취월장 JPT
독해·청해

일취월장 JPT
실전 모의고사 500·700

일단 합격하고 오겠습니다
JLPT 일본어능력시험
N1·N2·N3·N4·N5

일단 합격하고 오겠습니다
JLPT 일본어능력시험
실전모의고사 N1·N2·N3·N4/5

단어·한자

특허받은
일본어 한자 암기박사

일본어 상용한자 2136
이거 하나면 끝!

일본어뱅크
좋아요 일본어 한자

가장 쉬운 독학
일본어 단어장

일단 합격하고 오겠습니다
JLPT 일본어능력시험
단어장 N1·N2·N3

중국어 교재의 최강자, 동양북스 추천 교재

중국어뱅크 북경대학 신한어구어
1·2·3·4·5·6

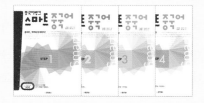

중국어뱅크 스마트중국어
STEP 1·2·3·4

중국어뱅크 집중중국어
STEP 1·2·3·4

중국어뱅크
뉴! 버전업 사진으로
보고 배우는 중국문화

중국어뱅크
문화중국어 1·2

중국어뱅크
관광 중국어 1·2

중국어뱅크
여행실무 중국어

중국어뱅크
호텔 중국어

중국어뱅크
판매 중국어

중국어뱅크
항공 실무 중국어

정반합 新HSK
1급·2급·3급·4급·5급·6급

일단 합격 新HSK 한 권이면 끝
3급·4급·5급·6급

버전업! 新HSK
VOCA 5급·6급

가장 쉬운 독학
중국어 단어장

중국어뱅크
중국어 간체자 1000

특허받은
중국어 한자 암기박사

📖 동양북스 추천 교재

기타외국어 교재의 최강자, 동양북스 추천 교재

중고급 학습

첫걸음 끝내고 보는
프랑스어
중고급의 모든 것

첫걸음 끝내고 보는
스페인어
중고급의 모든 것

첫걸음 끝내고 보는
독일어
중고급의 모든 것

첫걸음 끝내고 보는
태국어
중고급의 모든 것

첫걸음 끝내고 보는
베트남어
중고급의 모든 것

단어장

버전업! 가장 쉬운
프랑스어 단어장

버전업! 가장 쉬운
스페인어 단어장

버전업! 가장 쉬운
독일어 단어장

가장 쉬운 독학
베트남어 단어장

여행회화

NEW 후다닥
여행 중국어

NEW 후다닥
여행 일본어

NEW 후다닥
여행 영어

NEW 후다닥
여행 독일어

NEW 후다닥
여행 프랑스어

NEW 후다닥
여행 스페인어

NEW 후다닥
여행 베트남어

NEW 후다닥
여행 태국어

수험서·교재

한 권으로 끝내는 DELE
어휘·쓰기·관용구편 (B2~C1)

수능 기초 베트남어
한 권이면 끝!

버전업!
스마트 프랑스어

일단 합격하고 오겠습니다
독일어능력시험
A1 · A2 · B1 · B2